■ 浙江省哲学社会科学后期资助课题“银行业结构与企业创新—基于不完全契约视角的研究（18HQZZ40）”

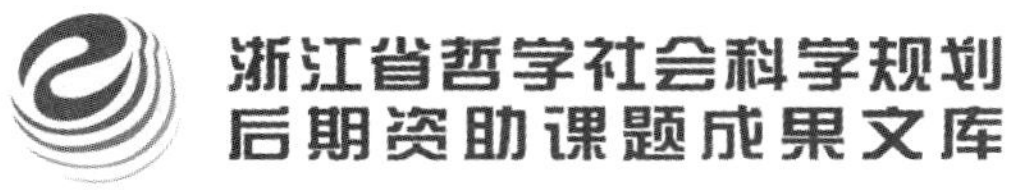

银行业结构与企业创新
——基于不完全契约视角的研究

Yinhangye Jiegou Yu Qiye Chuangxin
Jiyu Buwanquan Qiyue Shijiao De Yanjiu

刘莉云　著

中国社会科学出版社

图书在版编目(CIP)数据

银行业结构与企业创新：基于不完全契约视角的研究／刘莉云著．—北京：中国社会科学出版社，2019.5

（浙江省哲学社会科学规划后期资助课题成果文库）

ISBN 978-7-5203-4400-5

Ⅰ．①银… Ⅱ．①刘… Ⅲ．①银行业-经济结构-关系-企业创新-研究-中国 Ⅳ．①F832.3②F279.23

中国版本图书馆CIP数据核字(2019)第087278号

出 版 人 赵剑英
责任编辑 刘晓红
责任校对 周晓东
责任印制 戴 宽

出 版 中国社会科学出版社
社 址 北京鼓楼西大街甲158号
邮 编 100720
网 址 http://www.csspw.cn
发 行 部 010-84083685
门 市 部 010-84029450
经 销 新华书店及其他书店

印 刷 北京明恒达印务有限公司
装 订 廊坊市广阳区广增装订厂
版 次 2019年5月第1版
印 次 2019年5月第1次印刷

开 本 710×1000 1/16
印 张 10
插 页 2
字 数 164千字
定 价 56.00元

前　言

中国经济经历了近四十年的高速增长，粗放型经济增长方式已经难以为继，创新驱动取代要素驱动成为未来经济增长的核心动力。2015 年，企业 R&D 经费投入占全社会 R&D 经费投入比重达到 76.8%。毋庸置疑，企业是创新的主力军。而企业创新一直以来都存在融资约束问题，众多研究提供了各个国家企业都存在创新投资融资约束的证据。金融发展能够显著地影响企业融资约束，而金融发展的关键在于金融结构的优化。市场主导型和银行主导型，哪一种金融结构更能促进企业技术创新，这个问题目前并没有统一的研究结论。银行主导论认为银行能够促进企业创新。在银行主导型金融体系下，银行体系对创新的孵化作用会更强，因为银行贷款是企业主要的外部融资来源。改革开放以来的中国经济发展现实也表明，在银行主导型的金融体系背景下，中国企业的创新取得了长足的进步。近年来，天使投资、风险投资等支持企业创新创业的多种金融业态呈井喷式增长，但是目前中国仍然是银行主导型金融体系，提升银行信贷对企业创新的支持是纾解企业创新融资约束的关键举措。

银行主导型金融体系背景下，银行业结构的优化至关重要。银行效率的影响因素可以归结为产权结构和市场结构两大类。中国银行业改革一直以来就存在市场结构和产权结构之争。中国的银行业在历经了多轮产权改革后，商业银行尤其是国有商业银行目前已经建立了相对稳定的产权结构。而在优化市场结构和提高竞争度方面，近年来政府大刀阔斧地实施了很多举措，取得了很多突破性进展。2015 年，民间资本进入银行业的渠道和机构类型全部开放。同年，存款利率上限取消，中国利率管制时代终结。在此背景下，现有的各商业银行将受到存款竞争公开化和民营银行竞争的双重冲击。各地区银行业的市场结构和产权结构由此发生了深刻的变化，而地区银行业结构的变化必将深刻影响企业的创新融资约束。要验证地区银行业结构变迁对企业创新产生的影响，必须建立在实证检验银行业结构对企业创新投资的影响基础上，尤其是银行业结构中市场结构和产权结构对促进企业创新投资的差异性影响，才能明确进一步优化中国银行业改革的方向。

国内的很多研究证实，银行信贷对中国企业创新具有显著的影响。但是，银行业结构对企业创新影响问题并没有引起足够的重视。市场结构和产权结构是一体两面，目前的研究大多将这两面分割来看。虽然有众多研究关注中国银行业竞争问题，但是这些研究较少深入至地区银行业竞争态势问题，而银行业产权结构问题得到的关注明显低于市场结构，银行业产权结构研究非常少。目前研究主要关注广义的银行业发展对企业创新的影响，虽然近年来开始有研究关注银行业市场竞争对企业创新的影响，但是地区层面、结构性问题才是问题的根本。目前，几乎没有研究关注银行业市场结构和产权结构对促进企业创新的差异性影响。同时，现有银行业结构对企业创新影响的研究囿于完全契约理论框架下。

本书突破以往研究的完全契约理论框架，从不完全契约理论视角出发，分析在债务契约中银行和企业合作分享企业创新剩余的机理，进一步完善了银行业结构对企业创新影响的理论分析框架。利用 2007—2014 年中国 126 家商业银行的财务数据测算各地区银行业的市场结构和产权结构。根据地区银行业市场结构测算结果，利用 2007—2014 年中国上市公司数据，采用系统 GMM 方法探讨银行业不同市场结构对上市企业创新投资影响的差异性，以及不同市场结构对不同类型上市企业创新投资的异质化影响。根据地区银行业产权结构测算结果，利用系统 GMM 方法实证检验银行业不同产权结构对上市企业创新投资影响的差异性，以及不同产权结构对不同类型上市企业创新投资的异质化影响。总结银行业市场结构和产权结构对促进企业创新的差异性影响，明确进一步优化中国银行业改革的方向。分别利用日本主银行制度与企业创新、韩国政府和银行的政治关联与企业创新的关系案例，进一步验证银行业市场结构和产权结构对企业创新产生影响的前提条件以及潜在的风险，并探讨案例对中国的启示。最后，提出本书的研究结论和政策启示。

本书的研究结论对金融发展政策优化有一定的启示作用。首先，银行主导型金融体系背景下，银行对企业创新仍将发挥重要的作用。未来银行业改革的侧重点在于优化银行业市场结构。优化银行业市场结构的重点在于提高银行业市场可竞争程度，从经济和法律角度破除市场的准入和退出壁垒。其次，应加大对高科技国有企业的专项信贷支持，消除政府对所有国有企业提供隐性担保的干预模式，避免国有银行和国有企业之间的政治关联对企业创新投资产生的影响。最后，应提升债权权利保护，强化银行债权融资在公司治理中的作用。完善债权保护的制度环境，实现债务契约的最佳控制权相机转移作用。

目　　录

第一章

导　论

第一节　研究背景与意义

创新驱动是中国未来经济增长的核心动力。2015 年中国企业 R&D 经费支出 10881.3 亿元，同时企业 R&D 经费支出占全社会 R&D 经费支出比重达到 76.8%①。根据科技部统计数据，“十二五”期间，企业 R&D 经费投入年均增速达到 13.4%，其占全社会 R&D 经费的比重基本保持在 75%—78%，企业作为研发主力军的引领作用进一步凸显。创新是企业核心竞争力的源泉，其对企业的重要性不言而喻，与此相对应的是，企业创新研究一直是学术界的研究热点，研究内容包括创新的影响因素、创新的评价指标等各个方面。融资约束一直以来都是企业创新的主要障碍。Hall（1992）、Himmelberg 和 Petersen（1994）、Mulkay 等（2001）、Bond 等（2003）、Guariglia 和 Liu（2014）、张杰等（2012）研究发现各个国家都存在创新投资的融资约束证据。银行贷款是中国企业的主要外部融资来源，目前中国企业依旧难以跳出融资难、融资贵的困境，特别是小微型企业、非上市企业和非集团所属企业的信贷约束更为严重（Benfratello et al.，2008；Chava et al.，2013；解维敏等，2011）。在中国目前银行主导型金融体系中，银行业发展必然对企业创新投资存在重大的影响。

银行效率的影响因素可以归结为市场结构和产权结构两大类。在学术界，一直存在市场竞争和所有权结构孰是最重要的绩效影响因素的争论。中国银行业改革一直以来就存在市场结构和产权结构之争。就中国银行业改革的侧重点问题，有的学者主张应从优化银行业市场结构和提高行业竞争程度入手，有的学者则主张应以银行业的产权结构改革为突破口。

---

① 资料来源：《2015 年全国科技经费投入统计公报》。

中国的银行业在历经了多轮产权改革后，商业银行尤其是国有商业银行目前已经建立了相对稳定的产权结构，并配套现代商业银行的经营管理机制。而在优化市场结构和提高竞争度方面，近年来政府大刀阔斧地实施了很多举措，取得了很多突破性进展。2015 年 6 月银监会公布《关于促进民营银行发展的指导意见》，鼓励符合条件的民营企业以自有资金投资银行业金融机构，民间资本进入银行业的渠道和机构类型全部开放。随着银行业市场准入的开放，民营银行设立将实现常态化。银监会对民营银行的定位十分明确，即同现有银行机构细分市场，实行差异化竞争，定位于扎根当地，服务实体经济特别是中小微企业、“三农”和社区①。同年 10 月 24 日，中国人民银行决定取消商业银行和农村合作金融机构的存款利率浮动上限，标志着中国利率管制时代的终结。在此背景下，各地区银行业的市场结构和产权结构将发生深刻的变化，现有的各商业银行将受到存款竞争公开化和民营银行竞争的双重冲击。地区银行业是企业外源融资的首要来源，因此地区银行业市场结构和产权结构变化将深刻影响企业的创新融资约束。

从现实来看，银行信贷仍然是企业融资的主要来源，银行信贷在企业创新投资中扮演了举足轻重的角色。虽然近年来，天使投资、风险投资等支持企业创新创业的多种金融业态呈井喷式增长，但是短期内仍然无法撼动银行信贷的主导地位。金融结构优化是一个动态的过程，在目前中国银行主导型的金融体系背景下，提高银行信贷对企业创新的金融支持是当务之急，也是快速提升金融体系对企业创新支持的一种有效改进方法。而这一切都必须建立在实证检验银行业结构对企业创新投资影响的基础上，尤其是银行业结构中市场结构和产权结构对促进企业创新的差异性影响，明确进一步优化中国银行业改革的方向。

从理论来看，银行业结构对企业创新影响问题并没有引起足够的重视。市场结构和产权结构是一体两面，目前的研究大多将这两面分割来看。虽然有众多研究关注中国银行业竞争问题，但是这些研究较少深入至地区银行业竞争态势问题，而银行业产权结构问题得到的关注明显低于市场结构，地区银行业产权结构研究凤毛麟角。目前研究主要关注广泛的银行业发展对企业创新的影响，但是地区层面、结构性问题才是问题的根

① 尚福林：《稳步推进民营银行科学发展》，《求是》2015 年第 18 期。

本。现有的银行业结构对企业创新影响的研究囿于完全契约理论框架下。本书从不完全契约理论视角出发，在测算各地区银行业市场结构和产权结构的基础上，分别探讨市场结构和产权结构对上市企业创新投资的影响，识别市场结构和产权结构对上市企业创新投资的差异化影响，既可以完善银行业结构对企业创新影响的理论框架，又可以为优化中国银行业改革提供实证证据和决策参考。因此，探讨银行业结构对企业创新的影响既有极强的现实意义，又有深远的理论意义。

第二节 研究方法与数据

一 研究方法

书中采用了定性与定量分析、理论与实证研究相结合的研究方法。理论模型的选择和构建服务于研究目的。根据银企关系的核心特点，即信息不对称和信息不完全，选择不完全契约理论来构建理论模型，分析银行业结构对企业创新的影响机理。在不完全契约理论框架体系下，银行在再谈判过程中对企业“敲竹杠”，如平滑各期利息收入、跨期分享企业创新剩余。本书重点探讨市场结构和产权结构将如何影响银行的外部选择价值从而影响其谈判力，并最终影响企业的创新倾向、企业创新收益和银行支持企业创新的收益。在测算银行业市场结构时，采用基于新实证产业组织理论的非结构法，从企业的竞争行为入手，利用 PR 理论模型来构建测算银行业竞争度的实证模型；在测算银行业产权结构时，采用基于 SCP 的结构法中的集中度来测算各地区银行业的国有化程度。而在实证检验银行业结构对企业创新影响时，则利用投资欧拉方程来构建实证模型。

实证分析方法主要运用了计量经济的回归分析法。根据研究对象和研究目的不同，选择合适的实证计量方法。在测算各地区银行业产权结构时，利用了简单的统计分析。在测算各地区每年银行业市场结构时，利用简单的横截面回归。而在测算银行业结构对企业创新投资的影响时，对动态面板数据则利用了系统 GMM 方法。

二 数据来源

本书的一个重要贡献之一就是对地区银行业市场结构和产权结构进行

测算，通过各银行官网收集整理了 17 家全国性股份制商业银行在各地区支行分布状况，并以此为代理变量来推算全国性股份制商业银行在各地区的资产分布，并最终测算出各地区的银行业市场结构和产权结构。银行财务数据主要来源于 BVD 的 Bankscope 数据库，对于缺失的银行财务数据，收集各银行官网的年报数据进行更新和补漏，共收集了全国 126 家商业银行 2007—2014 年的财务数据。

书中所采用的企业研发数据、净销售收入、长期贷款和股权融资各项数据均来源于 Wind 上市公司数据库，剔除其中的金融企业数据，保留所有非金融上市公司数据。样本企业数据包括 A 股非金融企业 2798 家、中小企业板 788 家上市企业和创业板企业 508 家。样本时间为 2007—2014 年。本书对原始数据进行了处理，剔除所有研发费用小于等于 0 的样本观测值，以及现金流为负数的样本观测值，对所有连续变量数据进行上下 1%的缩尾处理。

第三节　研究思路与内容

企业是创新的主力军，在目前中国银行主导型金融体系背景下，银行仍然是企业创新投资的主要融资来源。银行业的市场结构和产权结构必将对企业创新投资产生显著影响。本书将主要回答以下几个问题：

（1）银行业结构影响企业创新的机理是什么？银行业市场结构和产权结构对企业创新投资产生什么样的影响？对不同所有制企业、不同规模、不同产业的企业产生的影响差异在哪里？

（2）现阶段各地区的银行业市场结构和产权结构呈现何种态势？利率市场化改革是否会冲击地区银行业市场竞争？

（3）银行业市场结构和产权结构影响企业创新投资的差异在哪里？未来优化银行业结构促进企业创新投资的改革方向在哪里？

围绕上面三个问题，本书的研究主要从四个方面展开：

（1）从理论角度研究银行业结构对企业创新影响的机理。银企关系中的信息不对称和信息不完全导致道德风险和逆向选择问题，并最终造成了信贷配给。本书利用不完全契约理论分析在债务契约中银行和企业合作分享企业创新剩余的机理。利用理论模型分别求解市场结构和产权结构影响银行对企业“敲竹杠”的约束条件、企业创新的约束条件，并最终得出企业和银行的预期创新收益。

（2）从地区层面测算银行业市场结构和产权结构。利用 2007—2014 年中国 126 家商业银行的财务数据测算各地区银行业的市场结构和产权结构。利用固定效应、随机效应和混合 OLS 方法对银行业竞争度的影响因素进行回归分析，探讨外生变量（利率市场化改革）、内部市场组织结构（产权结构）对地区银行业竞争产生的影响。

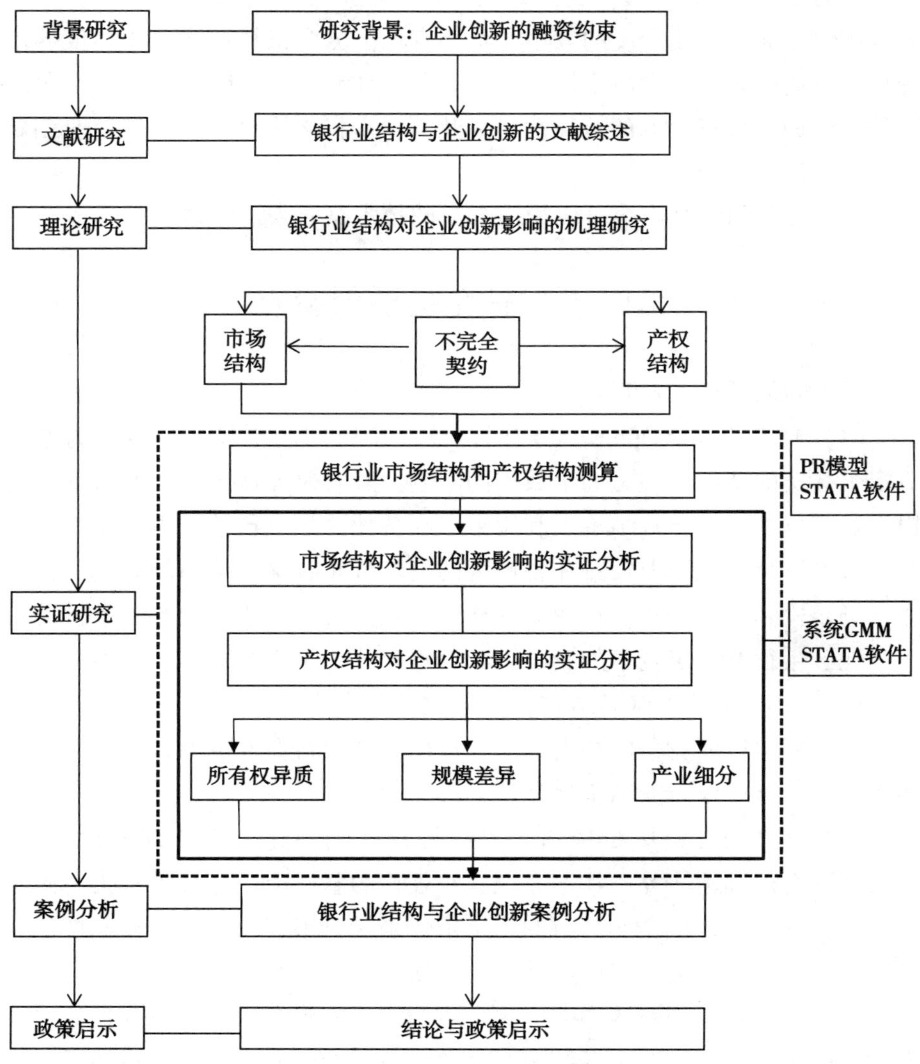

图 1.1 研究的技术路线

（3）从市场结构视角测算银行业结构对企业创新投资的影响。利用2007—2014年中国上市公司数据，采用系统GMM方法对银行业市场结构对企业创新投资的影响进行回归分析。根据各地区银行市场竞争度的大小，将所有地区分为低竞争度银行市场（垄断竞争市场）和高竞争度银行市场（竞争性市场），探讨不同市场结构对企业创新投资影响的差异性，以及不同市场结构对不同类型企业创新投资的差异化影响。

（4）从产权结构视角测算银行业结构对企业创新投资的影响。根据各地区银行业国有化程度的大小，将所有地区分为银行业国有化程度低市场和银行业国有化程度高市场，利用系统GMM方法实证检验不同产权结构对企业创新投资影响的差异性，以及不同产权结构对不同类型企业创新投资的差异化影响。

研究思路和研究内容可以用图1.1的技术路线来清晰地表达。

第四节 研究主要创新点

书中的创新点主要有以下三点：

（1）现有研究全面测算了全国性商业银行间的市场竞争度，为本书奠定了扎实的基础。但是囿于数据的限制，鲜有研究从地区层面有效测度银行业市场结构和产权结构。利用银行在各地区的支行数量占比作为代理变量来推算全国性商业银行在各地区的资产分布状况，从而测算地区银行业市场结构和产权结构。在测算各地区银行业市场竞争度的基础上，分析了各地区银行业市场竞争的影响因素，重点分析了银行数量、集中度（产权结构）和竞争度（市场结构）三者之间的关系，实证检验利率市场化改革对地区银行业竞争的冲击效应，从而识别银行业改革的政策效果，这些都弥补了地区银行业结构研究的缺失。

（2）将银行业市场结构和产权结构统一到不完全契约理论框架下，丰富了既有的理论研究。在不完全契约理论的基础上，通过求解银行敲企业竹杠的约束条件、企业创新的约束条件来探讨银行业市场结构和产权结构对企业创新的影响。将市场结构和产权结构统一起来，完整全面地探讨银行业结构对企业创新的影响。现有研究主要集中在研究银行业发展对企业创新的影响及银行业市场结构对企业创新影响的研究，本书将银行业市场结构和产权结构纳入统一的分析框架，研究其对企业创新的影响，探讨未来银行业改革方向。

（3）实证研究中运用了逐级分层的多层次分层法。以均值为分界点，分别对银行业市场结构和产权结构进行分类，在银行业市场结构指标，所有企业被分为高度竞争市场和低度竞争市场企业；在产权结构指标，所有企业被分为银行业国有化程度高市场和国有化程度低市场企业。在对市场结构和产权结构进行分类，完成第一次分层以后，对企业的不同所有制、规模和产业进行分类，进行第二次分层。

第二章

银行业结构与企业创新文献综述

Goldsmith（1969）系统地提出了金融结构和金融发展的概念，奠定了传统金融发展理论的基础。金融发展和技术创新的关系研究源于金融发展与经济增长理论。20 世纪 90 年代以来，开始出现大量实证研究，控制住其他决定经济增长的变量，考虑金融发展和经济增长之间的因果关系。这些研究最先从宏观的跨国层面和地区层面来分析金融发展对经济增长的作用；之后，出现了以产业外部融资依存度为基础，考察金融发展对不同产业增长影响的中观产业层面研究；近年来，金融发展对企业投资、企业创新的影响等微观的企业层面研究成为热点。在目前银行主导型金融体系中，银行业结构是中国金融结构的关键内容。银行业结构作为金融发展的一个关键指标，其对企业创新的影响研究也开始逐渐得到关注。

第一节　不完全信息与企业创新

创新是经济增长的动力源泉，但是创新却因为逆向选择和道德风险问题而面临严重的融资约束。这些融资摩擦导致信贷配给，进而提高了资本成本，使创新水平低下（Hall and Lerner，2010）。创新项目的高度不确定性和借贷双方之间的信息不对称导致了逆向选择和道德风险，因此包括银行贷款在内的债权融资并不是企业创新融资的最佳来源。然而，以不完全信息为假设前提的不完全契约理论却为债权融资与企业创新关系提供了新的研究视角。由于债务契约的不完全性，贷款人可以在事后通过再谈判对初始合约进行修订，敲企业竹杠，行使剩余控制权来分享企业创新剩余，这些都为包括银行贷款在内的债权融资成为企业创新融资来源提供了可能。

一 信息不对称与创新信贷约束

银企信息不对称导致的道德风险和逆向选择问题是造成信贷配给的重要原因。Baltensperger（1978）认为，信贷配给是指某些借款人即使愿意接受合同中的所有价格条款和非价格条款，其贷款需求仍然没有办法得到满足。Stiglitz 和 Weiss（1981）认为，信贷配给是银行针对信息不对称引发的逆向选择的理性应对。由于借贷双方存在信息不对称问题，银行难以有效识别安全贷款人和风险贷款人，为避免逆向选择，银行会在低于竞争性均衡的利率水平实行信贷配给，以确保信贷资产质量，而部分贷款申请人的贷款需求在竞争性均衡利率水平仍然没有得到满足。相比大企业，中小企业的信息更不透明、信息不对称问题更严重，因此中小企业是主要的信贷配给对象。信息不对称导致的逆向选择使对中小企业进行信贷配给成为银行的理性选择（Stiglitz and Weiss，1981）。信贷配给的另一个重要原因是中小企业的抵押品不足。Bester（1985）指出银行可以同时使用利率和抵押品作为甄别机制。一些低风险的中小企业由于资产较少、抵押品不足，无法有效显示自身的信用品质（Bester，1987）。

企业创新普遍存在融资约束。Fazzari 等（1988）根据信息不对称理论提出了融资约束假说。资本市场是不完美的，由于信息不对称和代理问题等，内源融资相比外源融资更具有成本优势。企业投资受到融资因素影响，投资—现金流量敏感性可以作为融资约束的度量指标。Brown 等（2009）指出如果存在融资约束，则其对研发的约束要强于其他形式的投资。因为研发资本缺乏担保价值，企业甚至需要对潜在投资者保护独有信息。Hall（1992）、Himmelberg 和 Petersen（1994）、Mulkay 等（2001）、Bond 等（2003）、Guariglia 和 Liu（2014）、张杰等（2012）研究证实各个国家都存在创新投资的融资约束证据。Hao 和 Jaffe（1993）、Himmelberg 和 Petersen（1994）、Brown 等（2011）的研究表明，对年轻、高科技、小规模企业而言，内源融资是企业创新投资的主要来源。Stiglitz 和 Weiss（1981）、Hall（2002）指出，信息不对称引发的道德风险和逆向选择问题导致外源负债融资很难成为企业研发投资的融资来源。

信贷融资作为企业创新投资外部融资来源具有一定的限制性。由于回报的不确定性和多变性，债务合同结构不适合研发密集型企业（Stiglitz，1985）。Hall（2002）提出研发密集型企业的资本结构中通常杠杆化率要比其他企业相对较低。Berger 和 Udell（1990）指出高风险企业通常需要提供担保才能获得债务融资。无形资产有限的担保价值大大限制了债务的运用。在高科技企业创新投资中，很大部分支出用于支付科学家和工程师的薪酬，人力资本构成了企业创新投资的主要资产，而且一旦员工离职，这些无形资产也随之消失。尤其是对年轻的高科技企业而言，股权融资拥有优于债务融资的几大优势（Carpenter and Petersen，2002），如内部和外部股权融资中股东分享上端收益，没有担保要求，额外的股权不会扩大有关融资压力的问题。Kim 和 Weisbach（2008）研究证据表明，虽然股票发行能够缓解创新融资约束，但是由于信息不对称所导致的发行成本和“柠檬溢价”使公众股权并非外部融资的完美替代品。

信贷配给理论和企业创新融资约束问题都是建立在信息不对称的基础上，但是没有考虑信息不完全对银行和企业关系的影响。由于假定债务契约是完全契约，银行没有办法在企业的创新过程中通过再谈判行使剩余索取权或控制权，因此无法跨期分享企业创新的剩余。在现实经济活动中，当事双方既面临信息不对称，又面临信息不完全。现实中不完全契约是必然的和经常性存在的，债务契约是一种不完全契约。

二 不完全信息与不完全契约理论

由于 Alchian 和 Demsetz（1972）、Ross（1973）、Jensen 和 Meckling（1976）、Holmstrom（1979）、Grossman 和 Hart（1983）等学者的开拓性工作，契约理论得到了很大的发展，契约理论主要用来分析完美市场之外的契约。契约理论分析两个核心问题，即信息不对称下的收入转移、不同风险偏好的当事人之间的风险分担（杨瑞龙和聂辉华，2006）。契约理论可以分为完全契约理论（complete contracts）和不完全契约理论（incomplete contracts）。

早期契约理论主要是委托—代理理论。委托—代理理论建立在信息不对称前提之上，由于假定委托人和代理人的行为是事前可签约的（contractible ex-ante），即行为是可观察的、可以被第三方（如法院）证实的，因此可以将所有条约都写进合约。委托—代理理论中的契约是完全契约，不需要事后再谈判（虞慧晖和贾婕，2002）。在完全契约的世界中，初始合约可以穷尽所有可能的情况和细节，准确地规定如何处理每一件事情，根本不需要决策者。通过事前设计一种完全合约来解决风险分担和有效激励的两难问题，进而解决委托—代理问题。

与完全契约理论对应的是不完全契约理论。不完全契约理论（或称不完全合约理论）是由 Grossman 和 Hart（1986）、Hart 和 Moore（1990）等共同创立的，因而又被称为 GHM 理论。该理论认为，合同条款不可能穷尽所有的可能和细节，由于有限理性、信息不完全性及交易的不确定性，使明晰所有或然情况的成本过高，拟定完全契约是不可能的。Tirole（1999）认为通常造成不完全契约的三类交易成本包括预见成本、缔约成本和契约执行成本。陈志俊（2000）认为，造成契约不完全的根本原因在于信息的不完全。不完全契约理论以契约的不完全性为研究出发点，以合约的不完全性引发的最优控制权安排或剩余控制权的最佳配置为研究目的。

完全契约理论和不完全契约理论在信息完全性的基本假设上存在差异。完全契约理论建立在信息完全的假设条件下，假定当事人的行为是事前可签约的，行为是可以观察的、可以被第三方（如法院）证实的。由于信息完全，信息不对称的契约双方可以在初始合约中穷尽所有可能的情况和细节，准确地规定如何处理每一种状况，可以将所有条约都写进合约。不完全契约建立在信息不完全的假设条件下，由于很多行为是事前不可签约的，缔约双方无法在签约时预见未来的各种不确定状况，或者即使可以预见但是无法描述和验证。由于契约双方不可能在事前完全预见到未来的或然状况（contingency），或者难以向第三方（如法院）证实这些或然状况，因此初始契约是不完全的。等自然状况实现以后，所有相关变量都是可证实的，因此契约双方可以对初始契约进行有效率的再谈判（re-negotiation）。

杨瑞龙和聂辉华（2006）认为，完全契约与不完全契约的根本区别在于：前者在事前规定了各种或然状态下当事人的权利和责任，因此问题的重心就是事后的监督问题；后者不能规定各种或然状态下的权责，而主张在自然状态实现后通过再谈判来解决。因此重心就在于对事前的权利（包括再谈判权利）进行机制设计或制度安排。

Bolton（2014）认为在 GHM 理论之前，公司金融的主流理论就是债务相对股权的税收优势与破产成本之间的权衡。GHM 理论通过引入控制权的考量和投资者权益保护丰富了公司金融理论。从不完全契约的视角可以探讨激励、控制权与金融合同的关系，如企业融资中的控股权安排与企业家的激励、风险偏好的差异性与融资的多样性、基于信息成本角度的企业家的融资决策等。总之，不完全契约理论是分析公司治理结构的重要工具。

三 不完全债务契约与控制权转移

Hart 和 Moore（1988）指出债务契约是不完全的，因为外部人在证实贷款价值的重要信息（如资产价值和项目收益）时面临困难。在这样的设定条件下，Aghion 和 Bolton（1992）强调控制权再配置很关键。通过考察金融契约对投资者与代理人之间委托—代理关系的影响，Hart 和 Moore（2001）、Dewatripont 和 Tirole（1994）指出债务契约具有最佳的控制权相机转移作用。债务契约主要通过在特定条件下设置将决策权从股东转移给贷款人的条款来分配控制权（Chava and Roberts，2007；Roberts and Sufi，2009a）。Roberts 和 Sufi（2009b）认为，通常在没有任何相关违约的情况下，债务契约的三大主要条款，即贷款金额、贷款到期日和利率经常被重新再谈判。

当出现新信息时，如果修订初始契约可以实现帕累托改进的话，则这些契约可以被重新再谈判。再谈判可能是被技术性违约触发（Beneish and Press，1993；Chen and Wei，1993），但是根据 Aghion 和 Bolton（1992）的研究也不一定需要技术性违约触发。控制权转移给贷款人可能以未来世界状态更广泛的一系列信号为条件。Fudenberg 和 Tirole（1990）、Hart 和 Moore（1988）、Hart 和 Tirole（1988）研究发现，再谈判的频率表明通过再谈判获取的剩余超过再谈判相关的成本。签订严格的契约，允许贷款人可以将部分决策推延至后期以获得更多信息时，有利于缓解信息不对称和道德风险相关的融资摩擦。Smith（1993）设定了契约限制的贷款程序可以确保在贷款人和借款人之间建立动态的互动关系，该互动关系带来持续且灵活的监管。

Chava 和 Roberts（2007）、Roberts 和 Sufi（2009a）、Nini 等（2012）文献研究均表明，在契约违约之后，公司重要决策的管理裁量权会被施加显著限制。这些研究都认为违约（如未能还款或者技术性违约）对触发控制权转移给贷款人是必要的，而且控制权的行使涉及贷款人对借款人实施更加严格的限制。Denis 和 Wang（2013）发现即使在没有出现债务违约的情况下，债务契约也经常被重新再谈判。即使不考虑违约状态，贷款人仍然对借款人的经营和金融政策有很强的控制权，并且通过契约再谈判视情况行使控制权。

在不完全债务契约中，贷款人可以在事后（不论是否债务违约）通过再谈判对初始契约进行修订，实现控制权的重新再配置。控制权的相机转移使贷款人拥有对借款人经营和融资决策的控制权，这不仅有利于缓解信息不对称导致的融资摩擦，而且使贷款人有动机为企业创新提供融资服务，从而分享企业创新剩余。

四 债权融资对企业创新影响研究

众多研究表明，以现金流为代表的内部融资和股权外部融资是企业创新融资的主要来源（Brown et al.，2009；Himmelberg and Petersen，1994；王山慧，2013；曾静，2013；Guariglia and Liu，2014）。由于创新项目的高度不确定性、信息不对称和缺乏担保，债权融资很难成为企业创新的融资选择（Brown et al.，2009）。Acharya 和 Subramanian（2007）、Acharya 等（2009）、Seifert 和 Gonenc（2012）研究表明，在债权权利更强的国家或者近期强化了债权权利的国家，专利更少，研发支出更低。Hsu 等（2013）研究发现，信贷市场发展与股票市场发展相反，对创新产出有负的随机效应。金融市场上具有强势地位的银行会通过收取信息租金和在竞争中保护已建立紧密关系的现有企业，会有目的地压制新兴产业，使经济中出现普遍的信贷配给，从而对创新有所阻碍（Hellwig，1991；Rajan，1992；Capoglu，1991）。银行作为债权人，其投资决策偏向于保守，主要投资采用资本密集型技术和生产工艺、利润水平较低的企业，因此银行将会阻碍创新（Weinstein and Yafeh，1998；Morck and Nakamura，1999）。这些研究都表明债权融资与企业创新呈负相关关系。

有部分研究从债务契约的不完全性出发，分析债权融资与企业创新的关系。研究大多证实了债权融资对企业创新的正面效应。Mann（2016）指出更强的债权权利促进了创新融资。Carlin 和 Mayer（2003）的研究表明，银行市场集中度低的国家通常研发比重较高。Chava 和 Roberts（2008）、Nini 等（2009b）发现经历过债务合同技术性违约的借款人在违约后，其资本支出明显下降。但是，没有专利的企业比有专利活动的企业资本支出下降幅度更突出。这表明贷款人认同企业创新活动的价值，并且对待有创新活动的企业的投资与几乎没有创新行为的企业的投资有一定不同。在技术性违约之后，贷款人对企业研发政策进行干预。Chava 和 Roberts（2008）、Nini 等（2012）研究发现，违约企业的研发支出显著下降。Chava 等（2013）指出，当研发支出低效时，如企业的创新效率更低或者是其研发支出显著高于产业平均水平，对创新企业借贷更有经验的贷款人会要求借款人更大地缩减研发支出。事后贷款定价策略结果表明向创新融资经验丰富的贷款人借贷时，创新企业将收到更低价的贷款。

债务契约的不完全性为贷款人跨期分享企业创新剩余提供了可能。债务合约的不完全性将剩余控制权相机转移给银行。银行可以威胁企业提前偿还贷款来迫使借款人做出更多让步，或者强迫借款人遵从其优先行为偏好。Rajan（1992）、Diamond 和 Rajan（2001）、Ueda（2004）、Landier（2003）强调当合同是不完全可执行时，金融业者信息的作用。这些学者发现，知情的贷款人可以通过威胁扣除金融服务（“敲竹杠”），断绝不透明企业寻求其他金融融资对象的有限的可能，并攫取剩余。创新企业可能比非创新企业信息更不透明，因此，更容易遭受融资提供者的“敲竹杠”问题（Rajan and Zingales，2001）。高志（2014）认为，虽然银行信贷为中国企业创新提供了融资支持，但其债权治理功能相对较弱。

综上所述，对债权融资和企业创新的关系研究并没有达成统一的研究结论。从传统的信息不对称视角出发，研究大都证实债权融资不利于企业创新的结论，而从不完全契约理论视角出发，研究结论却大相径庭。不完全契约理论为债权融资与企业创新研究开拓了新的视角。银行贷款作为债权融资的重要组成部分，其对企业创新的影响开始得到学术界的重视，但是目前大多数研究都是从传统的信息不对称视角出发来展开研究，而从不完全契约视角出发来探讨银行对企业创新影响的研究凤毛麟角。

第二节 金融发展与企业创新的研究

企业创新研究一直是学术界的研究热点，企业创新的影响因素主要包括企业内部因素和外部环境因素。企业内部环境因素包括企业规模（Pavitt et al.，1987；Cohen，1996；Jefferson et al.，2006）、企业经营年限（Sorensen et al.，2000；Freed，2003）、企业产权结构（Lore et al.，1999；Martinez-Ros，1999）、组织与企业文化因素（Jung et al.，2003）等。企业创新的外部影响因素研究发现，债权权利（Acharya and Subramanian，2009）、股市的流动性（Fang et al.，2014）、风险投资（Samila and Sorenson，2011；Nanda and Rhodeskropf，2013；Chemmanur et al.，2014）、银行业的竞争（Cornaggia et al.，2014）对创新都有或为正或为负的效应。众多研究表明，金融环境是影响企业创新的外部核心要素。

一　企业创新的融资约束研究

由于严重的信息不对称问题和激励问题，创新项目通常存在严重的融资约束（Hall and Lerner，2010）。融资约束一直以来都是企业创新的主要障碍。Himmelberg 和 Petersen（1994）指出，由于资本市场的不完美，内部现金流是小型高科技企业通过研发获取技术概率的主要决定因素。Hall（1992）、Himmelberg 和 Petersen（1994）、Mulkay 等（2001）、Guariglia 和 Liu（2014）、张杰等（2012）研究发现各个国家都存在创新的融资约束证据。创新融资约束的影响因素可分为宏观和微观两个层面。

微观层面上，企业创新融资约束影响因素主要有资本结构、企业规模、技术特征和发展阶段。Hao 和 Jaffe（1993）、Himmelberg 和 Petersen（1994）、Harhoff（1997）、Canepa 和 Stoneman（2003）、Beck 等（2008）、Brown 等（2011）研究发现：成立时间短、高科技、中小规模的企业更多地依赖内源融资作为企业研发投入的主要来源。资本结构中债务比例较大的企业创新约束较大（Opler and Titman，1993），主要是因为需要较为稳定的现金流来维持债务，而这会限制企业对创新的持续投入（Chung and Wright，1998）。企业规模较大，则其创新融资约束程度较少（Canepa and Stoneman，2005）。有关中国企业的创新融资约束研究发现了相似的结论：非国有股权性质企业受到更严重的研发融资约束（高辉，2011；曾静，2013；Guariglia and Liu，2014）；相比于成熟期公司，成长期公司受到的融资约束更为强烈（王山慧，2013）；高科技企业面临的融资约束要大于传统企业（Canepa and Stoneman，2003），中国高新技术企业普遍存在融资约束（翟淑萍和顾群，2013；卢馨等，2013）；中小企业普遍存在创新融资约束问题，非国有股权中小企业和较小规模的中小企业受到的融资约束程度更严重（陈胜添，2014）。针对成熟期、大规模企业的经验研究却没有得到一致的结论。

在宏观层面，金融发展是影响创新融资约束程度的主要因素。企业的创新融资约束现象不仅受到企业规模、技术特征、发展阶段等的影响，很大程度也取决于企业所处地区的金融发展水平。发展中国家和转型经济的研究（Gorodnichenko and Schnitzer，2010）、OECD 国家的实证研究（Aghion et al.，2005）都表明，地区金融发展程度对企业创新活动非常重要，如果金融发展水平较低，更严重的融资约束使企业的研发支出和增长对外生冲击更加敏感。金融发展的关键是金融结构的优化。金融结构可以分为两类，即市场主导型金融结构（以美英等国为代表）和银行主导型金融结构（以德国、日本等国家为代表）。一直以来，学术界都存在银行主导型金融结构和市场主导型金融结构对促进企业创新有效性的争论，但是目前并没有统一的研究结论。

很多学者从中国省际金融发展存在巨大差异的金融事实出发，研究区域金融发展对企业创新的影响。大多数研究发现中国的区域金融发展对企业创新发挥了促进作用（杨志群，2013；马彦新，2012；刘凤朝和沈能，2007）。目前国内对金融发展与技术创新关系的研究更多的是基于宏观国家或区域层面的研究（马彦新，2012；朱欢，2012；俞立群，2014），有越来越多的研究从微观的企业层面分析金融发展对企业创新的系统性影响（孙婷和温军，2012；张迪，2013）。金融发展对不同所有制、规模和产业的企业技术创新影响是不同的。区域金融发展能够显著推动民营企业的技术创新投入（高辉，2011；张迪，2013）。地区金融发展能够推动中小企业的创新投资（张迪，2013）。

二 金融发展影响企业创新机理

近年来，学术界开始关注金融发展对企业创新的影响机制研究。金融发展通过多种作用路径促进企业创新。金融发展通过风险管理、信息收集处理和传递、激励监督和约束、提供科技创新融资、便利交易和推动专业化五项功能的完善，进而促进技术创新（孙伍琴，2008；黄国平和孔欣欣，2009；张元萍和刘泽东，2012）。Bencivenga 等（1995）认为降低金融市场的交易成本，更加有利于技术创新的长期发展。高志（2014）认为，中国金融结构调整从资金供给、风险分散和公司治理三个维度有效地促进了企业创新。金融体系对企业选择技术创新的方向有显著影响。金融市场可以通过金融多元化来分散风险。Saintpaul（1992）指出如果没有金融市场，企业只能通过技术多样化，即选择专业化程度和生产率更低的技术来控制风险。当金融体系不发达时，因为金融市场无法有效分散技术创新风险，企业往往会选择风险小且专业性小的技术。Tadesse（2002）认为，资本市场为创新投资者提供激励功能、分散风险和共享机会，从而有利于创新行为的持续性。金融发展不仅能为企业提供外部融资来源；能为投资者提供企业投融资决策信息；金融发展在缓解信息不对称问题之外，还能减少不完全契约导致的资本市场不完善问题（Demirguckunt and Maksimovic，2002；Love，2001）。完善的金融体系可以有效地缓解信息不对称问题、分散投资风险、提高金融资源配置效率、改善公司治理结构、促进技术进步和经济增长（Levine，1997）。

众多研究表明金融发展能明显缓解企业的融资约束。发达的金融中介和金融市场能够减少市场的不完全性，从而缩短外源融资和内源融资的成本差距（Rajan and Zingales，1998）。中国渐进式的金融自由化改革有助于缓解企业的融资约束（张军等，2008）。金融发展水平的提高能明显缓解企业的融资约束（朱红军等，2006；沈红波等，2010），而且随着金融发展水平的提高，与国有上市公司相比，民营上市公司的融资约束得到更加明显的缓解（沈红波等，2010）。李连发和辛晓岱（2009）发现企业越是依赖外部融资，金融发展对企业增长的促进作用越大。随着金融发展水平的提高，企业尤其是小企业的融资约束会随之降低（Love，2001）。姚耀军和董钢锋（2014）实证研究发现，中小银行发展显著缓解了中小企业的融资约束。这些研究都表明金融发展带来企业外部融资成本的下降。

企业创新投资具有持续性，外部融资是企业创新投资的关键来源。金融发展所带来的企业外部融资成本的下降，对企业创新有促进作用。良好的金融体系能够向企业提供技术创新所需要的大规模融资，进而促进企业研发投资（Tadesse，2002；张迪，2013）。刘洪铎（2014）实证研究表明，金融发展可以显著地缓解私营企业的创新融资约束，进而推动全要素生产率增长；金融发展的融资约束缓解效应在东部最为显著，在西部最弱。在缓解高新技术企业融资约束上，金融中介发展的作用显著高于股票市场发展，金融发展对缓解国有高新技术企业融资约束和提升研发投资效率上的作用更为显著（翟淑萍和顾群，2013）。银行业市场化改革推进了地区金融发展，降低了审批和监督成本，促进了创新融资发展，那些存在创新投入融资约束的企业从金融发展中得益更多（解维敏、方红星，2011）。梁益琳（2012）研究发现，较高的外部融资成本使创新型中小企业的融资约束程度更高，银行发展水平和竞争程度上升可以提高企业信贷可得性。

三 金融结构对企业创新的影响

金融发展的实质是金融结构的变化（Godsmith，1969）。金融结构主要指的是金融中介与金融市场的比例构成（Beck et al.，2000；Chakraborty and Ray，2006）。林毅夫等（2009）将大、小银行的相对重要性引入金融结构概念中。20 世纪 90 年代逐渐兴起金融结构“两分法”理论。目前，通常将一国金融结构分为银行主导型金融结构和市场主导型金融结构。在促进企业技术创新上，市场主导型和银行主导型金融结构孰优孰劣这个问题目前并没有统一的研究结论。

1. 银行主导论

支持银行主导论观点的研究认为，银行主导型金融结构相较于市场主导型金融结构更有优势，并主要强调银行在以下方面的积极作用。银行作为所有投资者的联合体起到了对企业进行有效监督的作用，由于银行在减少企业道德风险行动上具有规模经济，因此银行比市场更有效率（Boot and Thakor，1997）。银行能够根据创新项目的进展情况对企业的追加投资进行分阶段相机抉择，这一点是很难通过市场实现的（Kang and Stulz，2000）。银行主导型金融结构中，银行具有更强的动机和能力来收集和处理企业创新信息，有效识别企业创新能力，促进企业创新投资（King and Levine，1993）。Bhagat 和 Welch（1995）对发达国家的实证研究表明，在市场主导型的金融体制下，企业创新的融资约束要大于银行主导型的金融体制。Bergemann 和 Hege（2005）认为，原因在于银行主导型的金融结构中，企业更多地使用关系型贷款为创新活动筹集资金。姚耀军（2010）、俞立群（2014）、侯锐（2011）研究表明，以银行为代表的金融中介更有助于中国企业创新。

2. 市场主导论

市场主导论强调市场相对于银行在金融资源配置中的优势。金融市场能够缓解信息不对称问题（Schenone，2009）；为投资者提供流动性和多样化的资产组合（Benninga，2005）；通过增加借贷竞争降低了借贷成本（Saunders and Steffen，2011）。市场主导型金融结构能更有效地完成金融资源配置，Allen 和 Gale（2000）认为，市场能够弥补金融中介的不足，促进创新和研发密集型产业发展。Beck 等（2000）认为，与银行相比，股票市场具有更好的创新投资风险分散能力和长期融资能力。一部分有关中国的实证研究支持金融市场更有助于企业创新：孙伍琴（2004）认为，金融市场支持技术创新的作用路径在于通过资产组合分散风险和满足投资者的不同投资偏好；马彦新（2012）认为，由于大中型工业企业主要通过股票市场融资，股票市场发展比银行信贷增长更能促进企业创新水平的提高。

目前，有越来越多的研究关注金融结构对中国企业创新的影响。大多数金融结构对企业技术创新的影响研究发现，中国金融结构对企业自主创新有显著正向影响（康志勇和张杰，2008；俞立群，2014），但其对企业自主创新的影响存在时滞（何国华等，2011）。也有部分研究发现金融结构与技术创新负相关（马彦新，2012）；或者，中国金融结构调整在提升企业创新产出和创新投资效率方面并没有发挥显著作用（高志，2014）。金融结构对技术创新的作用取决于多种因素：如经济发展阶段、产业规模、行业集中度等宏观因素（林毅夫等，2003），创新的性质、创新阶段、创新程度和企业规模等微观因素（王莉，2004）。融资模式、创新类型和经营体系之间也存在密切关系，英国的创新模式跟市场融资相关，而德国的创新模式与关系型银行体系相关。融资模式也与创新类型特点相关，债权融资与渐进性创新有关，而股权融资则与研发密集型创新相关，如在医药行业（Casson et al.，2008）。

根据二分法的金融结构，一国的金融系统可以按照银行主导型和市场主导型的金融结构来进行区分。但是，即使在拥有世界上最发达金融市场的美国，银行在年轻私人企业融资上起了非常重要的作用，而这些企业是创新的核心动力（Berger and Udell，1998；Nanda and Nicholas，2012），因此银行仍然是最重要的外部融资来源。中国目前的金融结构仍然是银行主导型的（Demirguckunt et al.，2011；林毅夫和徐立新，2012）。对于中国这样银行主导型的金融结构国家来说，银行业结构研究就显得特别重要。改革开放以来，中国银行业不断改革发展，经历了多轮的产权改革和市场改革，银行业结构发生了很大的变化，银行业结构变迁必然会对企业创新、经济增长等产生重要影响。

第三节 银行业结构变迁与测算

银行效率的主要影响因素被归结为两个：国有银行的产权结构、银行业的垄断性市场结构。在中国银行业的改革方式问题上，学术界一直存在着市场结构和产权结构改革之争，有的学者主张应从优化银行业的市场结构切入（于良春和鞠源，1999；贺春临，2004），有的学者则认为应从银行业的产权结构改革切入（刘伟和黄桂田，2002；王聪和邹鹏飞，2004；严太华和刘翠，2011）。近年来，有越来越多的学者认为，产权结构单一和行业过于集中是影响银行业效率和绩效提升的两大主要因素，并认为银行业改革应该产权结构优化和市场结构调整并重（吴韡，2005；魏文军，2005；唐永华，2007；邢学艳，2011）。

一　中国银行业结构变迁

改革开放以来，中国银行业从最初的大一统银行体制一直变革发展成目前多种金融机构并存发展。动态地看，中国银行业的市场结构开始从典型的完全垄断、四大国有独资商业银行寡头垄断、高度集中转变为垄断竞争、适当集中（张芳和李龙，2012）。关于银行业结构的研究成果不断涌现，研究内容主要集中于对中国银行业结构变迁模式、现状特征和发展趋势的度量、分析和展望以及中国银行业结构和银行业绩效之间的关系。

由于1978年以后中国经济快速不平衡增长导致中国省际银行系统发展差距不断加大（Fan et al.，2009；Wang et al.，2008）。中国银行业市场结构变迁研究发现，中国银行业结构变迁遵循渐进性变迁路径。陈晶萍和房玉平（2007）提出，从动态来看，中国银行业的市场结构向垄断竞争趋势发展，但国有商业银行的垄断势力在短期内不会消失。王文娟（2012）认为，在一个相当长的时期内，中国银行业市场结构变迁仍将遵循政府主导的渐进式变迁方式，但未来市场机制的作用将逐渐提升。贺小海和刘修岩（2008）发现中国银行业结构在省际和东中西部之间存在着非均衡演变现象，而且银行业结构的地区差异无论是在省际层面还是在东中西部层面总体上都呈现为扩大趋势。

中国银行业结构研究发现，虽然现在中国银行业竞争不断增强，但是国有产权仍然占据主要地位。李华民（2005）指出，中国银行业呈现出政府主导下的国有银行合谋性寡头垄断与中小银行竞争并存的双轨格局，重点是强化在位寡头银行之间的竞争。彭欢（2010）认为，中国银行业市场结构总体呈现垄断竞争状态，占据主导地位的四大国有银行与非国有银行之间呈现垄断竞争状态，但四大国有银行之间的竞争环境具有较显著的完全竞争型市场结构特点，非国有银行之间的竞争也呈现出垄断竞争的状态。张芳和李龙（2012）通过计算中国银行业的市场份额，发现国有商业银行仍居于主要地位，中国银行业市场近年来的集中度依然较高，仍是由四大国有商业银行控制着整个市场。

二　银行业产权结构测算

银行业的产权结构分析侧重于所有权拥有者类型的不同。Altunbas 等（2001）把德国的银行分为三类，即私营商业银行、公共储蓄银行和互助合作银行。Tulkens（1993）将英国的银行分为两大类：公营银行和私营银行。张健华（2003）将中国的商业银行分为国有商业银行、股份制商业银行、城市商业银行三种。银行按所有权结构一般可分为三大类：公共产权银行、私营产权银行和合作产权银行，即由政府拥有全部所有权或控股的国有银行、一般法人拥有所有权的私营商业银行以及由自然人和团体（一般有地区性限制）所组织的具有互助合作性质的合作银行。La Porta 等（2002）研究表明，在单位资本收益率较低、金融体系欠发达、政府干预较强而效率较低、产权保护性差的国家和地区，银行的国有产权往往占有较大比重。

衡量银行业产权结构最常见的方法是：根据特定年份有关统计资料计算出的政府直接拥有或者通过其他公司间接拥有银行产权占银行总产权的比例，其中主要包括向企业贷款规模最大的 10 个商业银行或发展银行（La Porta et al.，2002）；Barth 等（2006）利用国有产权占 50%以上的银行的资产占地区银行业总资产的比重来衡量银行业的产权结构；另外部分国外学者利用民营化比重来表示产权结构（Boubakri and Cosset，1998），蔡卫星和曾诚（2012）利用四大国有银行非国有股权比重的加权平均值来衡量银行的产权结构；还有学者利用四大国有商业银行存款余额加总占全部金融机构存款余额的比重、四大国有商业银行贷款余额加总占全部金融机构贷款余额的比重来表示国有银行垄断程度（刘瑞明，2011；齐兰和王业斌，2013）。

有关银行业产权结构的研究大多关注产权结构对银行绩效的影响。不同股权结构的银行的绩效有明显的差异（Deyoung，1998）。大多数研究发现外资银行、私有银行效率高于国有银行（Delfino，2003；Berger et al.，2005），但是，Aktunbas 等（2001）发现德国私营银行并不比国有银行和合作银行更有效。Nichols（1967）和 O'Hara（1981）发现，互助合作产权形式的银行比私有产权银行成本更高、效率更低。银行私有化可以提升银行效率，但是改善程度远没有其他行业显著（Megginson，2005）。银行的市场结构和产权结构对银行效率有着重要的影响（Grigorian and Manole，2002）。Farri（2009）以2000—2003年20家中国城市商业银行为样本，实证结论表明国有性质的城市商业银行效率更低。严太华和刘翠（2011）研究发现国有持股比例对银行绩效具有负向效应。

三　银行业市场结构测算

目前衡量银行市场竞争程度的实证研究方法主要有结构法与非结构法两种。结构法主要包括结构—行为—绩效（SCP）假说和效率—结构（ES）假说，结构法以市场份额、市场集中度（CRn）、赫芬达尔指数（HHI）等为衡量指标，指标值越大则意味着竞争度越低。这些方法虽然简便，但是由于只考虑银行的数量和规模等市场结构性因素，因此无法准确地衡量市场竞争程度。非结构法基于新实证产业组织理论，主要包括勒纳指数、BL指数（Bresnahan，1982；Lau，1982；Bresnahan，1989）以及H指数（Panzar and Rosse，1982，1987）。这些方法都从企业的竞争行为入手，能够更好地描绘市场竞争的状况。

银行体系集中度等估量指标不一定能捕捉到有效竞争的程度，有效竞争程度实际依赖于体系的可竞争性。Gelos和Roldos（2002）发现8个欧洲和拉美国家的银行市场虽然集中度上升，但是竞争力下降。Claessens和Laeven（2004）发现更集中的银行体系更有竞争力，还发现有更多外资银行进入和市场进入管制缺乏的银行体系有更高的竞争力。叶欣等（2001）、徐忠等（2009）、蒋海等（2015）均采用行业集中度和赫芬达尔指数这两个指标分别对中国银行业的市场结构进行了测度，研究发现近年来中国银行业的集中度呈现下降趋势。

勒纳指数可以通过微观面板数据测算出每家银行每年的竞争度，杨天宇等（2013）、傅利富等（2015）、Soedarmono等（2013）利用勒纳指数对中国的银行竞争度进行了测算，发现中国银行业平均竞争度总体呈现上升的趋势。BL指数能反映行业的长期平均竞争程度，柯孔林（2010）利用Bresnahan模型测算发现1995—2004年中国14家商业银行具有垄断竞争的市场结构特点。

Panzar Rosse 模型（PR 模型）是目前流行的银行业竞争度量指标。Shaffer（1982）是最早利用 PR 模型的学者，其研究发现纽约的银行业是垄断竞争。大多数的研究都拒绝完全勾结和完全竞争的结果（Nathan and Neave，1989；Philippatos and Yildirim，2002）。发达国家的实证研究大多发现垄断竞争的证据（Bikker and Groeneveld，1998；Bikker and Haaf，2002），发展中国家和转型国家研究大多也发现垄断竞争的证据（Belaisch，2003）。利用 PR 模型测算银行业市场竞争度是目前国内主流的研究方法。绝大多数研究主要利用全国性股份制商业银行数据测度中国银行业竞争结构，且研究多发现中国银行业目前处于垄断竞争状态（赵子铱等，2005；Fu，2009；李国栋和陈辉发，2012），少数实证研究发现完全竞争的证据（Bikker et al.，2007；Yuan，2006）。

大量的实证研究表明，银行业发展对经济增长有显著的正向效应（King and Levine，1993；Beck et al.，2000；Beck and Levine，2004）。银行业结构优化有利于经济增长和产业发展。基于传统的产业组织理论，部分学者认为银行市场集中度低可以提高信贷资金的配置效率，降低企业尤其是中小企业的融资成本，从而促进经济增长（Guzman，2000）。Deidda 和 Fattouh（2002）发现只有在低收入国家，银行集中度才与人均增长和产业增长负相关，而在高收入国家，银行集中度和增长之间不存在显著关系。Carlin 和 Mayer（2003）的研究表明，银行集中度与 OECD 成员国的经济增长呈负相关关系。

第四节 银行业结构对企业创新的影响

Stiglitz 和 Weiss（1981）、Hall（2002）指出，信息不对称、道德风险和逆向选择问题使外源负债融资很难成为企业研发投入的融资来源。Brown 等（2009）认为信息不对称问题、高不确定性、缺乏担保品都使贷款很难成为高科技企业研发投资的融资来源。但是，Herrera 和 Minetti（2007）指出，银行可以通过收集融资的新技术项目信息来缓解信息不对称导致的道德风险问题。在该过程中，企业的主要贷款人通常作为其他贷款人的监管代表（Diamond，1984），因此是借款人信息的主要生产者。众多研究表明更发达的金融中介能更有效地资助有前景的企业家，从而加快社会的创新进程（King and Levine，1993；Beck et al.，2000）。

Benfratello 等（2008）实证检验了该命题，发现银行发展确实促进了地方企业的创新行为。Colombo 和 Grilli（2007）研究结果表明，银行贷款对高新企业发展具有促进作用。银行体系对创新的孵化作用在中国会更强，因为信贷融资在中国起决定性作用。Wang（2010）确认中国的银行在促进创新上起了领导性作用。

一 银行信息与企业创新

银行被认为是有效的信息生产者。银行的特性如集中性和重视关系型借贷，使银行有动机和能力来收集借款人的信息（Gorton and Winton，2003）。最近关系型贷款的文献（Petersen and Rajan，1994，1995；Berger and Udell，1995；Ongena and Smith，2001）表明银行和借款人关系的长度、银行提供的金融服务的范围都构成了信息的良好代理变量。Berger 和 Udell（2002）指出有大量证据表明银行通过与企业、企业主和地方社区接触获取信息。Baltensperger（1978）认为银企关系有助于缓解借贷双方信息不对称问题，减少银行甄别信息的成本，降低交易成本。Boot 等（1993）认为，银行和借款人通过关系型贷款形成重复和长期的交易关系，银行可以轻易追踪包括软信息在内的借款人信息，从而实现对借款人信息的垄断。

银行与企业创新之间存在信息联系。金融机构拥有信息会对企业创新产生影响。就金融业者的信息是促进还是阻碍了企业创新进程问题，理论研究远没有达到总结性的结论。知情的金融业者可能向企业的竞争对手泄露保密信息，最终信息泄露会侵蚀企业创新的预期回报（Bhattacharya and Ritter，1983；Bhattacharya and Chiesa，1995；Yosha，1995）。La Fuente 和 Marin（1996）指出知情的金融业者能抑制企业家在新产品开发中的道德风险。King 和 Levine（1993）研究表明知情的金融业者可以更好地评估企业家、披露新产品技术引进的预期利润。Herrena 和 Minetti（2007）认为企业的主银行拥有的信息（以信贷关系长度为代理变量）促进了创新，且相比程序创新，该正向效应对产品创新的促进作用在经济上和统计上都更显著。

银行拥有信息能够促进企业创新，其理论解释主要源于不完全契约理论。Rajan（1992）、Diamond 和 Rajan（2001）、Ueda（2004）、Landier（2003）强调当合同是不完全可执行时，金融业者信息的作用。这些学者发现，知情的贷款人可以通过威胁扣除金融服务（“敲竹杠”），断绝不透明企业寻求其他金融融资对象的有限的可能，并攫取剩余。创新企业可能比非创新企业信息更不透明，因此，更容易遭受融资提供者的“敲竹杠”问题（Rajan and Zingales，2001）。Haselmann 和 Mauro（2010）指出，一旦企业进入与主要贷款人的契约关系，就很难变更新的融资人，因为潜在的新贷款人知道企业的主要贷款人拥有该借款企业的信息的优势。因此，变换主银行的成本很高，不仅因为新贷款人缺乏企业信息，而且变换贷款人会传递不良信号（因为新贷款人可能假设企业的融资决策被原来的贷款人否决了）。技术创新项目通常信息不透明，所以“敲竹杠”问题尤其严重。

二　市场结构与企业创新

银行业发展有利于企业创新。Nanda 和 Nicholas（2014）研究发现大萧条时银行的困境降低了企业专利的数量和质量，表明信贷市场对创新有正效应。卢荻和王天骄（2013）认为现阶段银行业仍是促进技术创新的重要力量，2005 年股权分置改革后股票市场较好地支持了企业模仿创新，但对自主创新的促进作用有限。银行发展对企业技术创新具有显著的促进作用，但其作用效果受到市场化程度等非金融因素的限制（朱欢，2013）。孙婷和温军（2012）研究表明：金融中介发展能显著地促进企业技术创新；在金融中介发展水平高的地区，银行信贷对企业的债务治理效果更好；金融中介发展水平的提高能够有效促使资本流向具有投资价值的创新项目。

银行业市场竞争对信贷供给和信贷成本的影响，学术界并没有达成共识。银行业竞争对信贷的影响主要有市场力量假说和信息假说。市场力量假说认为银行业竞争可以提高信贷供给并降低利率，因而有利于缓解企业融资约束（Besanko and Thakor，1992；Guzman，2000；Carbo et al.，2009）；而信息假说则认为银行业竞争不利于缓解企业的融资约束，因为激烈的竞争会使银行更难将资助财务信息不透明企业的收益内生化，从而导致更高的融资约束（Petersen and Rajan，1995；Marquez，2002）。与市场力量假说的传统分析框架不同，信息假说更强调利用不完全契约理论分析银行和企业在债务契约中的关系，强调在信息不完全的情况下，银行凭借其市场垄断力量，通过再谈判对初始契约进行修订，剩余控制权向银行转移，因此银行可以跨期分享企业剩余。银行垄断将促进银行和小企业建立紧密联系，从而缓解信贷约束（Petersen and Rajan，1994，1995；Patti and Dellariccia，2004；Cetorelli and Strahan，2006）。Carlin 和 Mayer（2003）的研究表明，银行市场集中度低的国家通常研发比重较高。

目前大部分研究从传统分析框架出发，研究结论多证实银行业竞争对企业创新有促进作用，符合市场力量假说。Benfratello 等（2008）实证研究表明，银行分支机构密度的增加会降低银行的甄别成本和监督成本，使信贷供给曲线外移并促进银行竞争，从而能有效促进企业创新。Chava 等（2013）研究发现，州内部和州际之间的银行业放松管制对私营企业的创新有相反的作用。州际银行业放松管制促进了年轻私营企业的创新，而州内部银行业放松管制则抑制了这些企业的创新。Amore 等（2013）发现美国 20 世纪 80 年代的州际银行管制放松对上市企业的创新绩效有正向效应。唐清泉和巫岑（2015）指出，银行业竞争有助于缓解企业研发投资的融资约束，尤其对民营企业、高科技企业和小型企业影响更加显著。Francis 等（2012）发现，有更高创新能力的借款人偏好低银行贷款利差和更优惠的非价格相关贷款条款。新银行的进入对项目的质量和创新本质产生影响。Ferraris 和 Minetti（2007）表明由于相对于在位者，清算技术较低的新贷款人更不情愿过早地清算项目，这使他们更受高风险高回报项目的欢迎。在均衡条件下，从高风险项目获取高回报的企业家从新进入的银行处获得贷款，且成本更高；但是从低风险项目中获取低收益的企业家以更低成本从在位者银行处获得贷款。

三 产权结构与企业创新

银行业的产权结构对企业创新影响的研究发现，银行的国有所有权对企业创新不利。Xiao 和 Zhao（2012）用银行不同程度的政府所有权来解释，在银行业低国有产权的国家，银行部门能明显地促进企业创新，而在银行业高国有产权的国家，银行部门的发展对企业创新没有显著影响，或者有时甚至有负面影响。Ayyagari 等（2006）研究发现，从外资银行融资的企业，相比从国内银行融资的企业，有更高的创新水平。蔡卫星和曾诚（2012）研究发现，银行业市场竞争改善了商业银行的贷款行为，推动商业银行贷款行为向商业导向转变；产权改革对商业银行的贷款行为没有产生显著影响。国有银行更倾向于对劳动密集型产业进行融资，而会忽略真正具有未来发展前景的产业（Allen，1993）。Haselmann和Mauro（2010）实证研究表明，与主要贷款人是政府所有银行相比，如果企业的主要贷款人是私有银行，则企业创新的概率要高10%—13%。主要贷款人的所有权类型对小企业尤其重要，因为他们的融资来源更依赖本地贷款人的供给，因此政府广泛干预信贷资源配置将导致企业创新水平和经济增长的下降。

尽管创新效率较低，但是国有企业拥有银行信贷优先权，且利率较低（卢峰和姚洋，2004；邵挺，2009；Allen et al.，2004；Dollar and Wei，2007）。中国的四大国有银行在银行业中占据着垄断地位，国有银行存在所有制偏好，即国有银行具有严重的信贷歧视，倾向于向国有企业提供信贷，同时压抑对私人部门的信贷（刘瑞明，2011；Ge and Qiu，2007）。戴静和张建华（2013）指出，国有经济比重较高的地区创新产出较低，国有经济的创新低效来自包括金融所有制歧视等外部制度与自身特征的综合。在一定的情况下，金融所有制歧视诱致了国有企业较低的创新产出。齐兰和王业斌（2013）实证研究表明国有银行垄断与工业技术创新显著相关，较高的国有银行垄断程度对中国工业技术创新产生了效率损失。金融所有制歧视与国有经济比重的共同作用拖累了地区创新产出。金融所有制歧视政策导致国有部门和非国有部门创新活动的差异。

第五节 小结

近年来，企业创新融资约束研究得到了越来越多的重视，这些研究大多都是从企业微观视角来研究问题，探讨企业是否存在融资约束以及其原因，研究发现外部金融环境作为重要的外生变量显著影响企业的创新融资约束。众多研究表明，金融发展能够显著缓解企业创新的融资约束。而从外部金融环境出发，探讨金融发展对企业创新影响的研究，虽然开始得到重视，但是研究基本都是从金融发展的宏观视角，探讨金融市场规模、金融结构对企业创新的影响。目前，在中国仍然是银行主导型金融结构的背景下，银行业结构是金融业的核心内容，但是，有关银行业结构对企业创新影响的研究凤毛麟角。

在银行主导型金融体系背景下，中国企业创新已经取得了长足的进步。中国银行业结构自改革开放后经历了一系列调整变化，但是，中国银行业结构变迁影响企业创新的动态效应却缺乏足够关注。现有研究关注得更多的是银行业规模的扩张对企业创新的影响，却忽略银行业结构的变迁对企业创新的影响。目前，有少量文献开始关注银行业结构对企业创新的影响，但是大部分研究从传统分析框架出发，分别探讨市场结构或产权结构对企业创新的影响，没有把市场结构和产权结构统一到完整的理论框架结构中。几乎所有研究均为实证研究，缺少银行业结构对企业创新的理论研究。

现有研究主要在完全契约理论框架体系中探讨银行业和企业创新的关系。在传统的完全契约理论框架体系中，由于信息不对称和缺乏担保等问题导致外源负债融资很难成为企业研发投资的主要来源。现有研究主要从完全信息视角出发，探讨在完全债务契约中银行业结构和企业创新的关系，因此研究大多证实银行业竞争有利于企业创新的结论。这与中国现有的企业创新现实有偏差，因为即使在银行主导型金融体系背景下，中国企业创新仍然取得了长足的进步。本书试图从不完全信息视角出发，将市场结构和产权结构统一到不完全契约理论框架下，探讨在不完全契约理论框架体系中银行业结构与企业创新的关系。分析再谈判过程中银行和企业剩余控制权的重新再配置问题，重点关注银行凭借市场力量（市场竞争度刻画的市场结构和集中度刻画的产权结构）通过“敲竹杠”分享企业创新剩余，从而发掘银行业结构对企业创新的影响机理，填补目前银行业结构对企业创新影响机理研究的空白。

第三章

银行业结构与企业创新的理论研究

在中国目前银行主导型金融结构中，银行仍然是企业外源融资的主要来源。由于没有股权索取权，贷款人不能预期分享企业未来的剩余，创新投资的高度不确定性和长周期性使包括银行在内的债权融资很难成为企业创新的外源融资来源。然而，贷款合约是不完全契约，不完全债务契约赋予银行事后的控制决策权。因此，不完全契约赋予了银行和企业分享未来创新剩余的能力。本章研究不完全契约理论框架下企业创新过程中银行和企业的博弈，重点分析债务契约中的“敲竹杠”问题和剩余控制权相机转移问题。研究发现，在银行主导型金融体系中，当契约不完全时，市场力量有助于银行在事后重新再谈判中通过“敲竹杠”来分享企业创新剩余。市场力量（市场竞争度刻画的市场结构和集中度刻画的产权结构）和政府提供的企业隐性信贷担保是影响企业创新预期收益和银行支持企业创新预期收益的重要因素。

第一节　不完全契约视角下的银企博弈

契约是一系列承诺的集合，签约方在签约时作出这些承诺，并且预期在契约到期日能够被兑现。1970 年以来，由于 Holmstrom（1979）、Grossman 和 Hart（1983）等学者的开拓性工作，经济学发展了一个专门的“契约理论”。契约理论分析两个核心问题，即信息不对称下的收入转移、不同风险偏好的当事人之间的风险分担（Hart and Holmstrom，1987）。契约理论可以分为完全契约理论和不完全契约理论，这两个分支都是解释公司治理的重要理论工具，它们之间不存在相互取代的关系，而是相互补充的关系。

一 完全契约与不完全契约

早期契约理论主要是委托—代理理论或者激励理论。委托—代理理论建立在信息不对称前提之上，在两权分离的前提下，存在委托人的“隐藏行动”和代理人的“隐藏信息”导致的机会主义和道德风险问题。由于假定委托人和代理人的行为是事前可签约的，即行为是可观察的、可以被第三方（如法院）证实，因此可以将所有条约都写进合约。在完全契约的世界中，初始合约可以穷尽所有可能的情况和细节，准确地规定如何处理每一件事情，根本不需要决策者。要解决委托—代理问题，需要设计事前的激励约束机制，即事前设计一种完全合约来解决风险分担和有效激励的两难问题，因此，委托—代理理论中的契约是完全契约，委托—代理理论就是完全契约理论。

与完全契约理论对应的是不完全契约理论。不完全契约理论认为，合同条款不可能穷尽所有的可能和细节，由于有限理性、信息不完全性及交易的不确定性，使明晰所有或然情况的成本过高，拟定完全契约是不可能的。Tirole（1999）认为，通常造成不完全契约的三类交易成本包括：①预见成本，即当事人由于某种程度的有限理性，不可能事前预见到所有的或然状态，在合约中，不明确规定各种或然情况的权责关系，或者根本就不签约，对当事双方来说才是最优的选择；②缔约成本，即使当事人可以预见到所有的或然状态，但在契约中穷尽所有或然情况很困难或者成本太高；③执行成本，关于契约的重要信息对双方是可以观察的，但对第三方（如法庭）是不可以证实的。现实中不完全契约是必然和经常存在的。

完全契约和不完全契约的基本假设不同，完全契约理论建立在完全信息假设前提下，而不完全契约理论则建立在不完全信息假设前提下。根据完全契约理论，因为信息是完全的，契约可以在事前规定各种或然状态下当事双方的权利和责任，因此问题的重心就是事后的监督问题。在不完全契约理论背景下，由于信息是不完全的，初始契约无法规定各种或然状态下各方的权责，因此，主张在自然状态实现后通过再谈判对初始契约进行修订来解决。可见，不完全契约的重心就在于对事前的权利（包括再谈判权利）进行机制设计或制度安排。

不完全契约理论以信息的不完全性为研究起点，以合约的不完全性引发的最优控制权安排或剩余控制权的最佳配置为研究目的。从不完全契约的视角可以探讨激励、控制权与金融契约的关系，如企业融资中的控股权安排与企业家的激励、风险偏好的差异性与融资的多样性、基于信息成本角度的企业家的融资决策等。总之，不完全契约理论是分析公司治理结构的最重要工具，可以分析控制权的配置对激励机制和信息租金的影响。

二 不完全契约与“敲竹杠”

“敲竹杠”（hold up）问题通常是不完全契约理论的中心话题。在日期 0，双方当事人签订某种交易契约。由于当事双方无法预见自然状态，或者即使预见到也难以纳入契约，并且被第三方（如法庭）证实，是事前不可签约的[①]，因此初始契约是不完全的。在日期 0 和日期 1 之间，当事人中的一方或双方进行人力资本或者物质资本的关系专用性投资。一旦日期 1 的自然状态实现，双方投资的成本和收益得到了实现，并且成为可证实的公开信息，因此双方当事人可以无成本地通过再谈判对初始契约进行修订。在再谈判过程中，投资者面临被对方“敲竹杠”或攫取“可占用性准租金”的风险，即对方分享了投资者投资边际收益的一部分。预期到这种“敲竹杠”行为，投资者在事前就会投资不足，从而扭曲投资激励和降低总产出。如果契约是不完全的，就会出现契约方事前专用性人力资本投资不足的现象（Grossman and Hart，1986；Hart and Moore，1990）。经典不完全契约理论认为在对称信息下会出现无效投资。聂辉华（2008）构建了一个带有不对称信息的“敲竹杠”模型，指出在不完全信息动态博弈的情形下，不完全契约一定会导致“敲竹杠”。由于声誉的作用，在一定的条件下“敲竹杠”并不一定妨碍投资效率。当声誉效应超过“敲竹杠”效应时，就会出现有效率的投资行为。

Grossman 和 Hart（1986）、Hart 和 Moore（1990）认为，由于契约是不完全的，初始契约除可以事前规定的具体权利之外，还有事前无法规定的剩余权利，即所谓的剩余控制权（residual rights of control）。不完全契约理论认为，剩余控制权直接来源于对物质资产的所有权，相当于所有权。剩余索取权取决于违约成本和谈判力量（Wait，2005）。根据纳什讨

① 事前不可签约，即不可观察或者不能被第三方（法院）证实，将某些条款写进合同没有意义，也不现实。

价还价谈判过程，代理人的谈判力受外部选择权（outside option）[①] 影响。GHM 模型认为契约方外部选择权的增加会提高其谈判力。契约方拥有的资产越多，外部选择权越大，剩余控制权越大，谈判力就越强，得到的合作剩余就越多，因此投资的激励就越强。由于剩余控制权是 0/1 分布，得到剩余控制权的一方投资激励固然增加了，但失去的一方投资激励却因此减少了，所以社会最优的投资激励不可能实现。GHM 理论认为，应该通过资产所有权或者剩余控制权的配置，确保在次优条件下实现最大化总剩余的最佳所有权结构。因此，当契约不完全时，为了最大限度地减少"敲竹杠"风险，将剩余控制权配置给投资决策相对重要的一方是有效率的。

三　银行债权融资与公司治理

债务不仅是一种融资方式，更是一种治理方式。大量研究表明债务契约具有降低代理成本、激励企业家努力工作、提高企业绩效的作用。债务契约最突出的特点在于贷款人拥有清算权。在特定状况下，债权人可以通过行使清算权而实现对企业控制权的相机转移，硬化对代理人的约束，控制权的行使涉及贷款人对借款人实施更加严格的限制。在契约违约之后，公司重要决策的管理裁量权会被施加显著限制（Chava and Roberts，2007；Nini et al.，2012）。Denis 和 Wang（2013）发现即使在没有出现债务违约的情况下，债务契约也经常被重新再谈判。基于不完全契约理论，债务契约具有最佳的控制权相机转移作用（Aghion and Bolton，1992；Hart，2001；Hart and Moore，2001；Dewatripont and Tirole，1994）。贾明等（2007）认为，当前中国的制度环境制约了企业剩余控制权的动态转移，与将控制权相机转移给债权人相比，债权人对代理人行为进行相机干预可能是更可行的治理方式。

在不完全债务契约中，贷款人（银行）可以在自然状态实现后，通过再谈判对初始契约进行修订，实现控制权的重新再配置。特定契约的重新再谈判是对契约变量与合同限制的差距以及企业特定运营状况和前景的反应。而且借款人（企业）再谈判后的投资和金融政策都与再谈判导致的契约修订紧密相关。债务合约的不完全性将剩余控制权相机转移给银

① 外部选择价值是指契约外的潜在交易收益。外部选择价值指的是如果谈判失败，契约方可以得到的收益。内部选择指的是契约双方可以确定的交易条款，是契约方可以得到的谈判条件。

行。企业违背银行贷款合同的财务约定事项[1]，将导致技术性违约，以及将控制权转移给银行；即使不考虑违约状态，银行仍然对企业的经营和金融政策有很强的控制权，并且通过契约再谈判视情况行使控制权。银行的剩余索取权取决于违约成本和谈判力量，银行在再谈判过程中可以凭借自身的市场力量威胁企业提前偿还贷款或不再提供融资服务来迫使企业做出更多让步，或者强迫企业遵从其优先行为偏好。

公司治理模式的选择是一个很重要的问题。债权融资在公司治理中发挥着重要作用，有利于控制权的实现和控制权的相机转移（Fama，1980；Hart，1995；Aghion and Bolton，1992）。银行业结构的变迁必将引致企业融资结构的变化，从而催生风险分散、信息传递和公司治理结构的变化，然而，高志（2014）认为，虽然银行信贷为企业技术创新提供了融资来源，但其债权治理功能较弱。与银行信贷融资相对应的是债权约束型公司治理结构，当银行在企业融资结构中占主要地位时，应该充分发挥银行的信息和监督优势，积极利用银行债权约束参与公司治理。银行可以通过对企业创新的事前筛选、事中监督和事后相机抉择来强化银行债权在公司治理中的作用。尤其是控制权的相机转移使银行拥有对企业经营和融资决策的控制权，使银行具备分享企业创新剩余的能力，提升银行为企业创新提供融资服务的动机。

第二节　银行业市场结构与企业创新的理论模型

一　市场结构与企业创新倾向

为探讨银行业市场结构与企业创新的关系，本书对 Petersen 和 Rajan（1995）模型进行修正。假设在银行主导型金融体系背景下，企业家有成熟技术（m）和新技术（n）两种技术可供选择，企业家在寻求融资，且风险中性。在起始的日期 0，企业家在创新技术和成熟技术之间进行选

---

① 财务约定事项（financial covenant）是指贷款人通常通过借款人定期向其提供财务报表和审计报告来了解和掌握借款人是否符合贷款协议规定的各类财务指标。为了保证借款人到期能偿还银行贷款本息，贷款人认为有必要要求借款人在借款期内其财务状况维持在一定的水平之上，体现财务状况水平的指标表现为各种财务比率。另外，财务约定事项还要求借款人提供反映其财务信息的各种财务报表。

择。日期 0 的投资金额为 I_0 时，安全的成熟技术项目能够在日期 1 产生 S_1 收益。日期 1 项目结束时，企业家继续在成熟技术项目上投资 I_{1S}，并在 2 期获得 S_2 投资回报。如果企业家选择在日期 0 冒险，他可以投资 I_0 于有风险的新技术项目，在日期 1，新技术项目获得成功的概率为 p，获取收益 R_1，（1-p）的概率失败，收益为 0。q 是新技术项目实现的生产率，q 由两个部分组成，即 η 代表项目生产率中可观察的要素，μ 代表不可观察生产率。在日期 1 自然状态实现后，可观察生产率 η 如表示项目质量的有形要素如新产品雏形、专利、更高效的制造流程蓝图等可以为公众所知，银行根据 η 的信息来决定是否在日期 1 继续贷款。如果日期 1 项目成功，企业将能继续投资 I_{1R} 在该项目上，并在日期 2 项目收益为 R_2。

提出以下六个假设条件：

A. 1　$S_2 + S_1 - I_{1s} - I_0 > 0$

A. 2　$p(R_2 + R_1 - I_{1R}) - I_0 < 0$

A. 3　$pR_2 = S_2 > pI_{1R} = I_{1s}$

A. 4　$I_{1S} > R_1 > S_1$

A. 5　$q = \eta + \mu$

A. 6　$S_2/I_{1S} > M \geqslant 1$

其中，假设条件 A. 1 是指在风险中性条件下，安全的成熟技术项目的净现值为正。A. 2 是指有风险的新技术项目的净现值为负。为简化问题，假设企业的贴现率为 0。A. 3 是指未来正净现值项目有同样的预期收益和投资，不管在日期 0 选择的是成熟技术项目还是新技术项目。A. 4 暗示日期 0 的项目收益不足以为日期 1 的项目提供充足的融资，企业需要向外部融资。A. 5 表示 q 是新技术项目实现的生产率，q 由两个部分组成。η 代表项目生产率中可观察的要素，如表示项目质量的有形要素如新产品雏形、专利、更高效的制造流程蓝图等，在日期 1 可以为公众所知，银行根据 η 的信息来决定是否在日期 1 继续贷款。μ 在日期 1 为不可观察生产率，是企业家的私人信息。A. 6 表示企业投资收益大于等于投资的机会成本，投资的机会成本为银行可以收取贷款预期收益率 M。M 是银行拥有的市场力量（Market Power）的测度指标。在风险中性的假设条件下，无风险利率为 0，在 M=1 时，表明信贷市场是完全竞争；当 M>1 时，表明信贷市场是垄断竞争，银行拥有市场力量。

为简化问题，假设银行作为金融机构是唯一的外部融资来源。企业家知道自身的创新倾向，在日期0，该信息是私人信息，银行只知道融资企业选择成熟技术的概率是 θ。$1-\theta$ 是企业创新倾向的测度指标。众多研究表明贷款银行在与企业家的接触过程中了解到很多有关企业家类型的信息（Lummer and McConnell，1989；Petersen and Rajan，1994）。银行被认为是有效的信息生产者。银行有动机和能力来收集借款人的信息（Gorton and Winton，2003）。关系型贷款的文献表明银行和借款人关系的长度、银行提供的金融服务的范围都构成了信息的良好代理变量。Berger 和 Udell（2002）指出有大量证据表明银行通过与企业、企业主和地方社区接触进而获取信息。因此，假设在日期1，企业创新概率的信息 $1-\theta$ 是完全信息。

基于管制原因，同时假设银行只拥有债务索赔权，即合同要求借款人固定偿还的金额。新技术项目存在严重的信息不对称和高度的不确定性，而且很难向法院描述投资者或企业家的特性，合同无法因项目和代理人类型而定，因此贷款合约为不完全契约。企业向银行寻求融资时，告知其需要的贷款金额和贷款期限。银行对利息率进行报价，该利息率将使银行能得到小于或等于 M 的预期回报。如果没有利率使银行能得到大于或等于资金机会成本的预期回报，银行将拒绝提供贷款。何种性质的企业可以得到贷款，以及企业为贷款支付的利率随着银行的市场力量 M 不同而不同。

在竞争性信贷市场（M=1），由于不能持有股权索取权，因此贷款人（银行）不能预期分享企业未来的剩余。在竞争性市场，成功企业能够轻易地在不违背优先购买权合同条款的前提下，找到替代的借款方式，因此银行要求在每一期都要实现盈亏平衡，如果其利率高于竞争利率，银行将失去该笔生意。由于创新企业的未来充满不确定性，竞争性信贷市场的银行可能将被迫收取高利率，直到不确定性消失。但是，在重要投入要素（如信贷）拥有市场力量的供应商（银行）仍能从企业抽取剩余。在垄断竞争信贷市场（M>1），拥有市场力量的银行通过攫取未来租金来分享企业未来的剩余，银行可以在各期内平滑利率收入，在企业年轻和创新阶段补贴企业，然后再攫取租金。因此，同等条件下的银行在垄断竞争信贷市场化中，比完全竞争更愿意提供信贷。

在日期0，由于不能识别企业选择新技术的概率，如果企业家选择新技术的话，企业只有在补偿银行可能承受的损失的利率水平下，才能获得借款。更高的利率会扭曲企业激励，并诱使企业选择有风险的新技术项目。因此，逆向选择问题能引起道德风险，最终导致信贷配给。选择成熟技术的企业家将通过要求设立有助于暴露创新企业家的条款来尽力降低他们的借贷成本，创新企业家在日期0，只能跟进同样的条款。由于创新企业家在日期1有1-p的概率创新项目失败，导致1期不能继续创新项目，银行不会给他们提供新的资金。因此，选择成熟技术的企业将在日期0尽可能少借贷，当创新企业家已经暴露时，他们能享受日期1更低的利率。因此假设，选择成熟技术的企业家在日期0只借贷 I_0。假设企业应该在日期1归还贷款金额 D_1，而且将和银行为后续的项目签订新的贷款合同。

如果企业家在日期0选择安全的成熟技术项目，在日期1他必须借款

$$I_{1S} - (S_1 - D_1) \tag{3.1}$$

因为在日期1，不存在道德风险和逆向选择问题，企业能以无风险完全信息利率M进行借款（在日期1，只要预期现金流能够满足合同规定的还款要求，银行没有动机豁免债务）。如企业家在日期0选择安全的成熟技术项目，则预期最大化利润为：

$$\max\{S_2 - M[I_{1S} - (S_1 - D_1)],\ 0\} \tag{3.2}$$

同样，如果企业家选择有风险的新技术项目，则预期利润为：

$$\max\{p\{R_2 - M[I_{1R} - (R_1 - D_1)]\},\ 0\} \tag{3.3}$$

根据A.3、A.4和A.6假设条件，如果满足不等式：

$$(S_1 - pR_1)/(1 - p) \geqslant D_1 \tag{3.4}$$

企业家将严格偏好安全的成熟技术项目。

银行在日期0贷款，必须满足两个条件：一个是贷款设计必须使企业家有动机选择安全的成熟技术项目，即不等式（3.4）；另外，银行必须预期能够收回日期0投资额 I_0。考虑到银行对日期1发放的贷款收取最大利率，从而获取利润，这意味着银行只有在满足不等式（3.5）条件下才会贷款。

$$D_1 \geqslant \frac{I_0 - \theta(M-1)(I_{1s} - S_1) - (1-\theta)(M-1)(I_{1s} - pR_1)}{\mathrm{M}[\theta + (1-\theta)p]} \tag{3.5}$$

因为 $\theta\{M[I_{1S} - (S_1 - D_1)] - (I_{1S} - S_1)\} + (1-\theta)p\{M[I_{1R} - (R_1 - D_1)] - (I_{1R} - R_1)\} \geqslant I_0$

利用不等式（3.4）和不等式（3.5），得出等式（3.6）

$$\theta^{c}(\mathrm{M})=\frac{I_0(1-p)-(S_1-pR_1)Mp-(1-p)(M-1)(I_{1s}-pR_1)}{(S_1-pR_1)(1-p)} \tag{3.6}$$

结论：只有企业选择成熟技术的概率大于等式（3.6），企业才能得到融资。随着银行市场力量 M 增加，企业选择成熟技术的概率 θ 下降，这意味着企业选择新技术的概率（$1-\theta$）上升，企业的创新概率（创新倾向）上升。

由于贷款合约是不完全契约，可预见、可实施的权利对资源配置并不重要，关键的是那些契约中未提及的资产配置的控制权力和对该资产剩余权力的拥有权，即控制决策权。不完全债务契约赋予银行事后的控制决策权。由于新技术项目过程中大量情况都是事前无法预见和可观察的，即事前无法签约，因此无法在事前就拟订一份合约详细规定新技术项目贷款过程中所有的事宜，很多问题只能通过事后重新再谈判解决。剩余索取权取决于违约成本和谈判力量。在银行主导型金融体系中，当契约不完全时，银行市场力量 M 的增加提升了银行的谈判力量，有助于其在事后重新再谈判中可以通过威胁不再提供金融服务（“敲竹杠”），断绝信息不透明企业寻求其他金融融资对象的有限可能，从而能够占据事后的控制决策权。随着市场力量 M 增加，银行可以索取更大比例的企业创新剩余，即可占用性准租金。创新企业比非创新企业信息更不透明，因此，更容易遭受融资提供者的“敲竹杠”问题。银行的市场力量将剩余控制权配置给银行，银行以此享有剩余索取权，从而分享企业创新剩余，有助于提高银行投资企业创新活动的动力，从而导致企业创新概率上升。

二 银行信息租金和“敲竹杠”

由于创新项目具有严重的信息不对称、创新的高度不确定性使创新企业与银行的贷款合约必然成为不完全契约。因此，需要利用不完全契约理论来解释银行与企业的创新项目贷款合约。

1. 债务合约模型设定

遵循上面模型假设的基本逻辑，本书对 Herrera 和 Minetti（2007）模型进行一定的修正，来探讨贷款人（银行）信息影响企业技术选择的机理。在日期 0，企业家和贷款人签订贷款合同，为简化问题，假设企业家从银行处借款。企业在成熟技术 m 和新技术 n 之间进行选择。日期 1 企业生产的产品为不可分割的资产，可以用来生产最终产品。日期 1，为确保产出成功，银行需要采取无成本活动，而且银行的活动专门针对企业选择的技术。日期 2 生产的产品为最终产品。假设项目成功概率均为 p，资产回报满足 $q > \frac{1}{p}$，$q(1+n) > q$，其中 q 为生产率，且 $q = \eta + \mu$。项目失败率为 1-p，如果项目失败，则资产回报为零，但是可以在企业外清算资产。η 代表项目可观察生产率，可观察生产率在日期 1 可以为银行所知，银行根据日期 1 的 η 信息来决定是否继续提供金融服务。μ 在日期 1 代表不可观察生产率，是企业家的私人信息。

在日期 0，企业家和银行签订合同。除了生产的融资外，企业家和银行之间还有两种信贷联系：第一，日期 0 企业在技术选择后，银行必须在日期 1 采取无成本行动来确保项目的成功（如为企业提供战略建议，或者假设新技术需要注入额外的资金 τ，定义 $\varepsilon \to 0$，$\forall \tau < \varepsilon$，通过将银行的再融资金额设定在任意小的水平，因此不会改变模型结果）；第二，作为融资行为的附属品，银行获取企业的信息。信息使银行能够从企业的清算资产中索取价值（Diamond and Rajan，2001）。假设代理人 j 可以将 1 单位资产转化为 $\Omega_j \alpha \leqslant \alpha$ 单位的最终产品，其中代理人 j 分别代表企业家（E）、银行（B）、其他投资人（I）。Ω_j 表示代理人 j 拥有的资产信息。$\alpha \leqslant 1$ 表示资产的内生再调整性，其参数大小取决于资产的物理属性，以及在更发达经济环境中二级市场的流动性。

假设银行在资产清算方面，相对企业家和外部投资者，有更高水平的经验和技术。Diamond 和 Rajan（2001）指出贷款人通过利用信贷关系，可以获取有关资产其他用途的更优信息。假设企业家和其他外部投资人的资产清算能力为 0，即 $\Omega_E = \Omega_I = 0$。

不完全可执行性限制了代理人利用货币转移的能力。企业家在成熟技术和新技术下的产出，只有一部分 l_m 和 l_n 产出可以被法院证实，而且是可签约的，其余部分能被企业家转移（Dewatripont and Maskin，1995）。依据 Diamond 和 Rajan（2001）做法，假设贷款人不能利用清算技术，因此，不论合同如何规定这些收入分配，贷款人能威胁在清算时不使用其清算技术，要求对合同重新再谈判。假设在任何这样的重新再谈判中，银行拥有全部谈判权，因此他可以完全占用清算收入。

2. 贷款人信息与企业家道德风险

假设银行的临时性行为是事前可签约的。因此，合同规定银行必须在日期 1 继续扩大贷款，以及企业家的技术选择。合同同时规定银行必须采取的行动，以及一旦项目成功企业向银行支付的还款。为了分解信息通过缓解企业家道德风险而对创新产生的正向作用，假设 $l_n < l_m = 1$，考虑到第三方（如法院）可能在验证新技术的产出比成熟技术的产出更没有经验，这个假设条件可以进行修正。

企业采取新技术的条件为：

$$pl_n q(1+n) + \Omega(1-p)\alpha \geqslant 1 \tag{3.7}$$

由于 $n > 0$，采用新技术的预期收益大于成熟技术的预期收益，且大于 1，1 为银行的机会成本。银行业市场完全竞争，在风险中性的假设条件下，无风险利率为 0，银行的机会成本为 1。如果合同能够确保银行的预期利润为非负，企业家将会采用新技术。

银行信息对创新的影响。有限性的产出可验证性（$l_n < 1$）显示出新技术有道德风险问题。企业不会把新技术的货币收益交给银行，而这将损害银行的参与约束，从而阻碍创新。通过提高企业抵押品的金额，银行的信息 Ω 可以缓解该问题。新产品开发受道德风险影响，而银行的信息降低了企业家的道德风险，从而促进了创新（La Fuente and Marin，1996）。

3. 银行的信息与“敲竹杠”问题

实际上银行的行为是事前不可签约的，且在企业家选择技术后，合同可以进行再谈判，这暗示银行可能的道德风险，银行可以威胁不采取临时性行为（“敲竹杠”），并迫使对原先的合同进行重新再谈判，从企业家处获取租金。Rajan 和 Zingales（2001）认为贷款人的道德风险问题对创新企业尤其严重。在竞争性市场环境中，假设在采取成熟技术时，外部投资者能无成本地替代银行，并采取临时性行动。因此，如果采取成熟技术，不会发生银行套牢企业、“敲竹杠”问题。

在银行拥有市场力量的市场环境中，在企业采取新技术条件下，银行能在临时性阶段日期 1 套牢企业，并获取租金。在本书的模型中，日期 1 银行通过可观察生产率 η 在强迫的重新谈判中提高外部选择价值，信息提高了银行索取的租金额。实际上，银行的外部选择价值由资产清算价值组成，并与其拥有的信息正相关。很明显，如果银行的信息优势足够大，则“敲竹杠”问题将使企业偏好成熟技术。

假定在任何临时性再谈判过程中，代理人遵照对称性的纳什谈判。在不完全契约下，假定委托人和代理人根据纳什谈判解平分合作剩余。为简化问题，假设 $l_m = l_n = 1$。企业家选择新技术条件下，银行再谈判后的预期收益为：

$$\Omega\alpha + \frac{p}{2}[q(1+n) - \Omega\alpha] \tag{3.8}$$

如果银行在日期 1 不采取行动来确保项目生产成功，则项目必然以失败告终，银行只能得到企业的资产清算价值 $\Omega\alpha$ 。如果银行采取行动，则预期收益剩余等于新技术的预期收益减去企业的资产清算价值。

$$S = pq(1+n) + (1-p)\Omega\alpha - \Omega\alpha \tag{3.9}$$

由于委托人和代理人根据纳什谈判解平分合作剩余，银行得到该预期收益的一半，以及其外部选择价值 $\Omega\alpha$ ，企业家则得到该预期收益的一半。LR 是银行的创新合作剩余，ER 是企业的创新合作剩余。

$$LR = \frac{pq(1+n) - p\Omega\alpha}{2} + \Omega\alpha \tag{3.10}$$

$$ER = \frac{pq(1+n) - p\Omega\alpha}{2} \tag{3.11}$$

在企业选择成熟技术的情况下，合同能够保证企业家的预期收益是技术全部剩余减去银行资金的机会成本。

$$pq + (1-p)\Omega\alpha - M \tag{3.12}$$

在完全竞争的银行市场，贷款资金的机会成本 M=1，而在非完全竞争市场，M>1。

要使企业家有动力采取新技术，必须满足下面的约束条件，企业采取新技术的预期收益大于等于企业采取成熟技术的收益。通过式（3.11）—式（3.12），可得：

$$2M + pq(n-1) - \Omega\alpha(2-p) \geqslant 0 \tag{3.13}$$

当银行预期进行再谈判重新修订初始合同的收益大于贷款资金的机会成本，“敲竹杠”问题才会出现，即：

$$\frac{pq(1+n) - p\Omega\alpha}{2} + \Omega\alpha \geqslant M \tag{3.14}$$

在完全竞争的银行市场，贷款资金的机会成本 M=1，而在非完全竞争市场，M>1。

根据式（3.13）和式（3.14），可得：

$$\Omega = \frac{2M - pq}{(2-p)\alpha} \tag{3.15}$$

式（3.15）表示在企业采取新技术的条件下，银行锁定套牢企业需要满足的条件，即银行拥有资产信息 Ω 的门槛值。Ω 和 M 正相关，随着 M 变大，Ω 值变大，表明随着银行市场力量 M 的增强，银行有更强的动力来提升信贷技术和资产信息评估和清算技术，以便在后期攫取可占用性准租金，分享企业创新边际收益。在新技术条件下，银行可以在临时性阶段 1 期锁定企业“敲竹杠”，并索取企业创新的租金。在模型中，通过在事后再谈判中提升外部选择价值，银行拥有的信息提高了其索取的租金额。银行的外部选择价值来自资产的清算价值，而资产的清算价值与信息 Ω 正相关。但是，如果 Ω 达到足够大的水平，“敲竹杠”问题将使企业更偏向于采取成熟技术。

银行拥有资产信息 Ω 的门槛值和 M 正相关，随着银行市场力量 M 的增强，银行有更强的动力来提升信贷技术、资产信息评估和清算技术。企业创新条件下，银行的预期收益除了企业创新预期收益的一半以外，还包括银行的外部选择价值 $\Omega\alpha$ 。由于 Ω 的门槛值和 M 正相关，所以，银行拥有的市场力量 M 越大，则银行的外部选择价值 $\Omega\alpha$ 越大，即银行的预期收益就越大。可见，在银行拥有市场力量的地区，银行支持企业创新的预期收益就越高。

三　结论

银行业市场结构与企业创新理论研究发现，在银行主导型金融体系中，银行业竞争对企业创新产生不利影响。①银行业市场结构与企业创新倾向理论研究证实，企业创新倾向随着银行市场力量 M 上升而上升。随着市场力量 M 增加，银行可以索取更大比例的企业创新剩余，银行为企业创新提供融资服务的动力越强，同时由于企业必须给银行支付更多租金，这就降低了企业转移风险的激励。总之，银行在信贷市场拥有垄断市场力量提升了其和企业跨期分享剩余的能力。②银行拥有信息与“敲竹杠”问题研究发现，随着银行市场力量 M 的上升，银行提升其信息技术、清算技术的动机不断上升。由于 Ω 的门槛值和 M 正相关，银行拥有的市场力量 M 越大，则银行的外部选择价值 $\Omega\alpha$ 越大，即银行的预期收益就越大。可见，在市场竞争度低、银行拥有市场力量的地区，银行支持企业创新的预期收益就越高。

银行的专业经验和专利知识产权等衍生的财产权使银行成为创新企业

融资的重要来源。在日期 1 自然状态实现时，银行通过测度可观察生产率 η（包括专利、新产品雏形等）来对后续的金融服务进行相机抉择。银行的专业经验和对专利知识产权衍生的财产权的精确判断，使银行能够在再谈判过程中，更加有效地行使剩余控制权，从而减少无效研发，提高企业绩效。在银行主导型金融体系中，当契约不完全时，市场力量 M 上升会提高银行的谈判力量，有助于其在事后重新再谈判中可以通过威胁不再提供金融服务（“敲竹杠”），断绝创新企业寻求其他金融融资对象的有限可能，从而能够占据事后的控制决策权。随着市场力量 M 增加，因此银行可以索取更大比例的企业创新剩余，银行提升其信息技术的动机不断上升，创新融资经验丰富的银行在保持资本投资的同时，能够更有效地推动企业缩减无效的研发。创新融资经验丰富的银行由于拥有更大的信息优势并因此在后期享有更高的创新剩余，所以能够给创新企业提供更低价的贷款，而且在事后会更加强势地干预企业的研发支出。总之，银行在企业融资市场的垄断市场力量提升了其与企业跨期分享创新剩余的能力。

第三节　银行业产权结构与企业创新的理论模型

国有银行对企业融资存在所有制偏好（Poncet et al.，2010；Bailey et al.，2011；林毅夫和李志赟，2004），政府通过干预国有银行的信贷决策为国有企业的信贷提供担保。国有银行对国有企业的融资偏好主要源于政治论观点和社会论观点。政治论观点认为国有银行的一个主要目标是服务于政府或政治家的政治目的或个人目的，如果国有银行官员遵从政府偏好，则可以获得升迁机会，从而提高其个人政治资产。社会论观点认为，为纠正信贷市场失灵，国有银行向社会边际效应高的项目提供融资服务，从而可以提高社会效应，比如国有银行贷款能为创新企业缓解信息不对称问题提供担保效应。所以，基于政治论和社会论，政府都有动机为国有银行针对国有企业提供的融资服务提供隐性担保。γ 表示国有银行为国有企业提供融资服务而享有的额外租金，相当于政府为国有企业融资提供的隐性担保。

为推动国有企业创新，政府可以通过两种方式来影响国有银行的信贷决策：一种是为所有的国有企业提供信贷隐性担保，另一种是政府只为国有企业的创新项目提供隐性担保。根据本章第二节银行业市场结构促进企业创新的理论模型，结合国有银行对国有企业的融资偏好，本节将分别讨论政府为国有企业融资提供隐性担保、政府只为国有企业创新技术项目融资提供隐性担保两种情况下，国有企业采用新技术的条件以及国有银行套牢锁定企业、分享企业创新剩余的条件。

一 企业信贷隐性担保与“敲竹杠”

银行业产权结构通常用国有银行产权（资产）占地区银行业总产权（资产）的比重来刻画，因此市场集中度是最常见的衡量方法。集中度越高，则市场垄断程度越高，市场力量 M 值越大；集中度越低，则市场竞争程度越高，市场力量 M 越接近 1。在模型中，假定银行的市场力量 M 用国有银行的市场集中度（银行业产权结构）来表示，M 值越大，银行业的国有化程度越高。

如果政府为国有银行针对所有国有企业提供的融资服务提供隐性担保，企业家选择新技术时，国有银行为国有企业新技术项目提供融资服务的收益为：国有银行修订初始合同重新再谈判的预期收益，加上国有银行为国有企业提供融资服务的额外租金 γ 。在政府为国有企业创新项目提供隐性担保的情况下，国有银行的收益要满足不等式（3.16）的约束条件，国有银行才有动机为国有企业的创新项目提供融资服务。

$$TLR = \gamma + LR \geqslant \Omega\alpha + \frac{p}{2}[q(1+n) - \Omega\alpha] \qquad (3.16)$$

$$LR \geqslant \Omega\alpha + \frac{p}{2}[q(1+n) - \Omega\alpha] - \gamma \qquad (3.17)$$

式中，TLR 是国有银行支持企业采取新技术获得的预期收益。LR 是国有银行套牢企业并重新再谈判的预期收益。在政府为国有企业提供隐性担保的情况下，国有银行的收益要大于等于本章第二节商业银行在没有隐性担保条件下为企业创新提供融资服务的预期收益 $\Omega\alpha + \frac{p}{2}[(q(1+n) - \Omega\alpha]$，国有银行才有动机为国有企业的创新项目提供融资服务。

政府为国有企业提供隐性担保条件下，企业能够得到的创新合作剩余为：

$$ER \geqslant \frac{pq(1+n) - p\Omega\alpha}{2} + \gamma \qquad (3.18)$$

由于对所有国有企业的贷款提供隐性担保，在企业选择成熟技术的情况下，合同能够保证企业家的预期收益是技术全部剩余减去银行资金的机会成本。

$$pq + (1 - p)\Omega\alpha - M \tag{3.19}$$

在完全竞争的银行市场（市场集中度低），贷款资金的机会成本 $M=1$，而在非完全竞争市场（市场集中度高），$M>1$。

要使企业家有动力采取新技术，必须满足下面的约束条件，企业采取新技术的预期收益大于等于企业采取成熟技术的收益。由式（3.18）—式（3.19），可得：

$$2M + pq(n - 1) - \Omega\alpha(2 - p) + 2\gamma \geqslant 0 \tag{3.20}$$

从式（3.20）>式（3.13）可以看出，政府为国有企业提供隐性担保的条件下，国有企业创新的预期收益［式（3.20）］高于政府不提供隐性担保条件下企业创新的预期收益［式（3.13）］。

当银行预期重新修订初始合同进行再谈判的收益大于资金的机会成本，"敲竹杠"问题才会出现，即：

$$\Omega\alpha + \frac{pq(1 + n) - p\Omega\alpha}{2} - \gamma \geqslant M \tag{3.21}$$

根据式（3.21）和式（3.20），可得：

$$\Omega = \frac{2M + 2\gamma - pq}{\alpha(2 - p)} \tag{3.22}$$

式（3.22）表示在政府为所有国有企业提供隐性信贷担保的条件下，如果国有企业采取新技术，银行套牢锁定企业需要满足的条件，即国有银行拥有资产信息 Ω 的门槛值。Ω 和 M、γ 正相关，随着 M 和 γ 变大，Ω 值变大，表明随着银行市场力量 M 的增强，政府提供的隐性担保 γ 越大，国有银行和国有企业双边锁定程度更深，国有银行有更强的动力提升信贷技术、资产评估和清算技术，以便在后期索取企业创新的信息租金，分享企业创新边际收益的一部分。

银行的预期收益除了企业创新预期收益的一半以外，还包括银行的外部选择价值 $\Omega\alpha$ 。从式（3.22）可以看出，由于 Ω 的门槛值和 M、γ 正相关，银行业国有化程度 M 越大，银行的外部选择价值 $\Omega\alpha$ 越大，国有银行的预期收益就越高；同时，因为政府为国有企业提供隐性担保 γ ，融资对象如果是国有企业，则国有银行的预期收益就更高。因此，在银行业国有化程度越高的地区，国有银行为企业尤其是国有企业创新提供融资服务的动力越强。银行收益中的外部选择总价值还取决于企业抵押担保资产的总额。大企业和非高科技企业的抵押担保品存量明显高于中小企业和高科技企业，因此，为大企业和非高科技企业提供创新融资服务，银行的外部选择价值更高，即银行的预期收益更高。可见，在银行业国有化程度高的地区，国有银行为大型企业和非高科技企业提供创新融资服务动机更强。

二　企业创新隐性担保与"敲竹杠"

在政府只对国有企业创新项目提供隐性担保的条件下，国有企业选择成熟技术，债务合同能够保证企业家的预期收益为：技术全部剩余减去银行资金的机会成本。

$$pq + (1 - p)\Omega\alpha - (M + \gamma) \tag{3.23}$$

在政府只为国有企业创新项目提供隐性担保的条件下，国有银行对国有企业提供成熟技术贷款资金的机会成本为 $M + \gamma$，在完全竞争的银行市场（市场集中度低），$M = 1$，而在非完全竞争市场（市场集中度高），$M>1$。

要使国有企业有动力采取新技术，必须满足下面的约束条件，即企业采取新技术的预期收益大于等于企业采取成熟技术的收益。由式（3.18）—式（3.23），可得：

$$2M + pq(n - 1) - \Omega\alpha(2 - p) + 4\gamma \geqslant 0 \tag{3.24}$$

从式（3.24）>式（3.20）可以看出，政府只为国有企业创新提供隐性担保条件下国有企业创新的预期收益高于政府为所有国有企业提供隐性担保的条件下国有企业创新的预期收益［式（3.20）］。

结合式（3.24）和式（3.21）可得：

$$\Omega = \frac{2M + 3\gamma - pq}{\alpha(2 - p)} \tag{3.25}$$

式（3.25）表示在政府只为国有企业创新提供隐性信贷担保的条件下，如果国有企业采取新技术，国有银行套牢锁定企业需要满足的条件，即国有银行拥有资产信息 Ω 的门槛值。Ω 和 M、γ 正相关，随着 M 和 γ 变大，Ω 值变大。政府只为国有企业创新项目提供隐性担保下的 Ω 值［式（3.25）］大于政府为所有国有企业提供隐性担保下的 Ω 值［式（3.22）］，可见，在政府只为国有企业创新项目提供隐性担保的情况下，国有银行和国有企业的创新项目双边锁定得更深，国有银行承担的风险更高。国有银行有更加强烈的动机来提高信贷技术和资产信息评估和清算技术。政府只为国有企业创新项目提供隐性担保比政府为所有国有企业提供隐性担保，国有银行的预期收益更高。因此，国有银行对国有企业创新融资支持受到政府对国有企业信贷隐性担保形式的影响。

三　结论

从理论模型可以看出，银行预期收益除了分享企业创新预期收益的一半以外，还包括其外部选择价值 $\Omega\alpha$ 。因为表示银行拥有资产信息 Ω 的门槛值的式（3.25）>式（3.22）>式（3.15），可见，在政府只为国有企业创新提供隐性信贷担保的条件下，国有企业采取新技术，银行的预期收益最高；在政府为所有国有企业提供隐性信贷担保的条件下，国有企业采取新技术，银行的预期收益次高；在政府不为企业提供隐性信贷担保的条件下，企业如果采取新技术，银行的预期收益最低。因此，不论政府为国有企业提供何种形式的隐性信贷担保，国有银行为国有企业创新提供融资服务的预期收益都更高，国有银行对企业创新融资存在所有制偏好，国有银行倾向于为国有企业提供创新融资服务。

银行收益中的外部选择总价值不仅取决于银行拥有的资产信息 Ω 和资产的内生再调整率 α ，而且取决于企业抵押担保资产的总额。式（3.15）、式（3.22）和式（3.25）中银行拥有的资产信息 Ω 都与银行的市场力量 M 正相关。那么 M 值越大，即银行业的国有化程度越高，则国有银行的预期收益越高，因此，在银行业国有化程度越高的地区，国有银行为企业创新提供融资服务的动力越强。银行收益中的外部选择总价值还取决于企业抵押担保资产的总额。大企业和非高科技企业的抵押担保品存量明显高于中小企业和高科技企业，因此，为大企业和非高科技企业提供创新融资服务，银行的外部选择价值更高，即银行的预期收益更高。可见，在银行业国有化程度高的地区，国有银行为大型企业和非高科技企业提供创新融资服务的动机更强。

从企业创新的约束条件可以看出，国有企业创新的收益受到政府的融资隐性担保影响。其中政府只为国有企业创新项目提供隐性担保的情况下，国有企业预期创新收益最高［式（3.24）］；政府为所有国有企业融资提供隐性担保的情况下，国有企业创新预期收益次之［式（3.20）］；政府不为企业融资提供隐性担保的情况下，企业创新预期收益最低［式

(3.13)]。可见，政府为国有企业创新向国有银行提供隐性担保有利于促进国有企业创新，但是政府只为国有企业创新项目提供隐性担保比政府为所有国有企业提供隐性担保，在促进国有企业创新上更有效。政府为国有企业提供隐性担保也提高了国有银行的预期收益。式(3.22)和式(3.25)中银行拥有的资产信息 Ω 都与银行的市场力量 M 和隐性担保 γ 正相关。由于式(3.25)>式(3.22)，政府只为国有企业创新项目提供隐性担保比政府为所有国有企业提供隐性担保，国有银行的预期收益更高。因此，国有银行对国有企业创新融资支持受到政府对国有企业信贷隐性担保形式的影响。

第四节　小结

银行业市场结构与企业创新的理论研究表明：①在银行主导型金融体系中，银行业竞争对企业创新产生不利影响，银行拥有的市场力量越大，银行支持企业创新的预期收益就越高；②企业的创新倾向随着银行市场力量的上升而上升。银行业产权结构与企业创新的理论研究表明：①由于政府为国有企业提供隐性信贷担保，国有银行为国有企业创新提供融资服务的预期收益更高，国有银行对企业创新融资存在所有制偏好。②在银行业国有化程度越高的地区，国有银行为大型企业和非高科技企业创新提供融资服务的动力越强。③政府为国有企业提供隐性担保提高了国有企业的创新水平和国有银行的预期收益。政府只为国有企业创新项目提供隐性担保比政府为所有国有企业提供隐性担保，在促进国有企业创新上更有效。国有银行对国有企业创新融资支持受到政府对国有企业信贷隐性担保形式的影响。

在不完全契约理论框架下，债务契约具有最佳的剩余控制权相机转移作用。由于假设银行是企业创新的唯一外部融资来源，市场力量提升了银行在再谈判中的谈判力量，从而强化了银行在再谈判过程中的剩余控制权，对初始合同进行修订，“敲企业竹杠”，分享企业创新剩余。银行拥有的信息优势和市场力量越强，则其外部选择权越多，银行的谈判力就越强。因为信息生产的规模经济，银行的市场力量使其有更强的动机提升其信息技术。创新融资经验丰富的银行可以凭借其强大的信息优势，在再谈判中有效地利用剩余控制权，减少无效研发支出，提升企业创新绩效，在后期索取更高的企业创新剩余，因此能够给创新企业提供更低价的贷款，并在事后更强势地干预企业研发。在银行主导型的金融体系中，银行借贷是企业重要的融资来源，即使企业没有充裕的内部现金流、其创新行为在股票市场被低估，创新评估经验丰富的银行仍有可能为企业创新行为提供融资。

第四章

银行业结构测算与影响因素的实证分析

改革开放以来，中国的银行业结构历经了多轮的产权改革和市场改革。尤其是近来，放开民营银行市场准入和利率市场化改革的收官，这些大刀阔斧的改革举措必然对银行业市场竞争态势产生较大的冲击。银行信贷供给曲线和信贷成本的变化必将影响企业的创新融资需求。本书利用 PR 模型测算了中国各地区的银行业市场竞争度，利用市场集中度测算了银行业的产权结构。在此基础上，实证检验利率市场化改革、国有银行集中度（产权结构）和银行数量对各地区银行业竞争度（市场结构）的影响。本章的银行业市场结构和产权结构测算结果为后续的第五章和第六章实证分析提供数据支持。

第一节　银行业结构测算方法

银行业结构包括市场结构和产权结构。现有研究对银行业市场竞争进行测度时，主要采用结构法与非结构法。结构法只考虑银行的数量和规模等市场结构性因素，因此无法准确地衡量银行业市场竞争程度，而非结构法从企业的竞争行为入手，能够更好地描绘市场竞争的状况。银行的竞争行为很大程度上取决于其所处的银行业市场结构，而银行数量和集中度分别反映市场结构的密度和偏斜度，因此银行业市场竞争度与银行业集中度有密切关系。本书利用结构法中的市场集中度指标来衡量银行业的产权结构，利用非结构法中 PR 模型测算的 H 指数来衡量银行业市场竞争度，即市场结构。

一 结构法：集中度指数与产权结构

结构法主要包括结构—行为—绩效（SCP）假说和效率—结构（ES）假说，主要以市场份额、市场集中度（CR_n）、赫芬达尔指数（HHI）等为衡量指标，指标值越大则意味着竞争度越低。这些方法虽然简便，但是由于只考虑银行的数量和规模等市场结构性因素，因此无法准确地衡量银行业市场竞争程度。

集中度是市场结构最基本、最重要的决定因素。市场集中度是行业中前 N 家企业所占市场份额的总和。常见的测算方法有行业前 N 家企业资产总额占所有企业资产总额比重。通常 N=4 或 N=8，此时市场集中度分别表示产业内规模最大的前 4 家或者前 8 家企业的集中度。市场集中度和赫芬达尔指数是结构法中最常用的两种测算方法，是对整个行业的市场结构集中程度的测量指标。叶欣等（2001）、徐忠等（2009）、蒋海等（2015）均采用行业集中度和赫芬达尔指数这两个指标分别对中国银行业的市场结构进行了测度。

Barth 等（2006）、Xiao 和 Zhao（2012）将国有产权占 50%以上的银行的资产占地区银行业总资产的比重来衡量该地区银行业的产权结构。根据 Bankscope 数据库，满足国有股权占 50%以上的银行只有中国工商银行、中国银行、中国建设银行、中国农业银行四家大型商业银行，而这四家商业银行正好是中国前四大商业银行。银行业中前 4 家国有银行所占市场份额的总和 CR_4 正好是市场集中度。因此，银行业产权结构与结构法中市场集中度（CR_4）做法一致。

二 非结构法：H 指数与市场竞争度

非结构法基于新实证产业组织理论，主要包括勒纳指数、BL 指数（Bresnahan，1982；Lau，1982；Bresnahan，1989）以及 H 指数（Panzar and Rosse，1982、1987）。非结构法从企业的竞争行为入手，能够更好地描绘市场竞争的状况。目前国内学者最常采用 PR 模型来测算 H 指数，从而来测算银行业市场竞争度。赵子铱等（2005）、Fu（2009）、李国栋和陈辉发（2012）等研究发现中国银行业处于垄断竞争状态，但是，也有少数实证研究表明中国银行业处于完全竞争状态（Yuan，2006）。PR 模型用线性单方程估计，不仅能研究不同类型银行的特定差异性，也能研究各个地区银行业的年度市场竞争状况。基于银行财务数据可得性和测算模型的特质，PR 模型是测度地区银行业市场竞争度的最佳方法。

自 1978 年以来，中国经济的快速不平衡增长导致省际银行系统发展差距不断加大（Wang et al.，2008）。贺小海和刘修岩（2008a）利用存、贷款集中度来衡量银行业结构，指出中国银行业结构在省际和东中西部之间存在着非均衡演变现象；而且银行业结构的地区差异在省际层面、东中西部层面总体上都呈现扩大趋势。很多有关银行业竞争研究运用市场集中度、赫芬达尔指数、勒纳指数、H 指数等来测算中国银行业的市场竞争（徐忠等，2009；杨天宇和钟宇平，2013；Soedarmono et al.，2013）。但是，这些研究主要利用中国 14 家或 16 家全国性股份制商业银行或者是再加上部分城市商业银行的数据来测算中国银行业的市场结构，鲜有研究测算各地区的银行业竞争。

银行的竞争行为很大程度上取决于其所处的银行业市场结构，而银行数量和集中度分别反映市场结构的密度和偏斜度。目前，对银行业的市场集中度与竞争度的关系并没有形成统一的研究结论。Bikker 和 Haaf（2002）实证研究发现银行业竞争度与银行数量之间、竞争度和集中度之间都呈现负相关关系。黄隽（2007）研究表明中国的银行业竞争与银行数量没有必然的联系，竞争度与集中度负相关。但是，Fernandez 和 Maudos（2007）、Casu 和 Girardone（2006）则认为银行业的集中度和竞争度之间的相关关系并不显著。Claessens 和 Laeven（2004）发现银行业的集中度与竞争度呈正相关关系，人均银行数量密度与竞争度并无显著相关；更多的外资银行进入、更少的市场准入限制和业务限制的银行体系竞争性更强。傅利福等（2015）发现当金融业开放程度较低时，银行业集中度降低可以强化竞争；但是，当金融自由化水平超过临界值时，通过降低银行业集中度强化竞争的渠道基本不存在或者很弱。

银行的竞争行为还受制于外部的行业管制。银行业管制放松将导致竞争加剧（Barbara and Claudia，2009）。行政垄断所造成的市场准入壁垒导致中国银行业市场结构过度集中，同时行政垄断致使存贷利差的缩小还将使银行业市场结构进一步恶化（邱兆祥等，2015），所以金融业的开放将促使银行业竞争加剧，一定程度上有利于银行业市场的完善与规范（李伟和韩立岩，2008；殷孟波和石琴，2009）。利率市场化使存贷利差呈收窄趋势，加强了行业竞争，提升了行业集中度（肖欣荣和伍永，2011），也加强了银行业和其他金融机构之间的竞争（金玲玲等，2012），可以说利率市场化改革是加快银行业竞争、完善银行业市场的重要举措。Hellmann等（2000）指出取消存款利率管制会引发银行业的过度竞争，并会加大银行业的整体风险。纪洋等（2015）指出只有在利率市场化后，银行才能以价格竞争方式应对更激烈的国内外市场竞争。

第二节 模型设定与数据描述

一 PR理论模型和H指数

产品法和中介法是模型化银行业投入产出的两种实证方法。Rosse和Panzar（1977）、Panzar和Rosse（1982，1987）采用中介法，将劳动力、金融资本和物质资本作为基本要素投入。PR模型建立了一个简化的银行收入方程，运用银行层面微观数据，以收入作为被解释变量，以劳动力、金融资本、物质资本以及其他银行特征指标作为解释变量，计算了收入对三大投入要素价格变化弹性的总和，将其作为H统计量来测量银行的行为和市场竞争程度。银行达到利润最大化，要满足边际收益等于边际成本的条件。

$$R_i'(x_i, n, z_i) - C_i'(x_i, w_i, t_i) = 0 \tag{4.1}$$

式中，R_i'和C_i'分别是银行i的收益和成本，x_i是银行i的产出，n是银行的数量，z_i是影响银行收益函数的外生变量向量，w_i是银行i的m个投入要素价格的向量，t_i是影响银行成本函数的外生变量向量。在市场均衡状态下，要满足零利润约束条件：

$$R^*(x^*, n^*, z) - C^*(x^*, w, t) = 0 \tag{4.2}$$

带“*”号的变量代表均衡值。市场力量由银行i的均衡收益dR_i^*对投入要素价格变动dw_{ki}的弹性来衡量。Panzar和Rosse将H统计量定义为简化收入方程中投入要素价格弹性的加总。

$$H = \sum_{k=1}^{m} \frac{\partial R_i^*}{\partial w_{ki}} \frac{w_{ki}}{R_i^*} \tag{4.3}$$

$H<0$表示该市场为完全垄断市场或者短期寡头垄断市场；$H=1$表示为完全竞争市场；$0<H<1$表示为垄断竞争市场。H统计量随着市场竞争程度的提高而上升。可见，银行业竞争度H（$0\leq H\leq1$）统计量与银行

的市场力量 M（$M \geqslant 1$）互为倒数。

PR 模型刻画了银行竞争行为和银行市场结构的关系，设定了垄断竞争、完全竞争和寡头垄断模型。其中，垄断竞争和完全竞争模型建立在张伯伦均衡模型的比较静态特征上，通过假设在均衡条件下银行可以自由进入退出该行业，且利润为零，从而引入银行间结构性收入方程的相关性。张伯伦均衡模型假设单个银行面临的需求弹性 $e(x, n, w)$ 是竞争银行数量的非减函数，这是 PR 模型的标准假设。Vesala（1995）证明 H 值是需求弹性 e 的增函数，即银行拥有的市场力量越小，H 值越高。这意味着 H 值并不单单可以拒绝特定的市场行为，该数值还可以刻画竞争度。Vesala 的证明结果和 PR 模型的标准假设条件，从理论上表明 H 值和银行数量呈现正相关关系，而 H 值和银行集中度成反比关系。

二 PR 实证模型的设定

根据 Molyneux 等（1994）、Bikker 和 Haaf（2002）、Claessens 和 Laeven（2004）的研究，本书构建中国银行业的 PR 模型为：

$$\ln INTR_i = \alpha + \beta \ln LE_i + \gamma \ln FE_i + \delta \ln CE_i + \sum_k \eta_k \ln BSF_{ki} + \varepsilon_i \tag{4.4}$$

式中，被解释变量 *INTR* 为银行的利息收入；*LE* 为劳动成本，由于无法获得银行员工人数的数据，本书采用员工费用占总资产的比重来衡量劳动成本；*FE* 为资金成本，采用银行利息支出占总存款的比重来衡量；*CE* 为资本成本，银行的资本支出占总资产的比重，本书采用业务及管理费用-员工费用+资产减值损失来计算银行的资本支出①；BSF 代表银行特征的控制变量，其中 AST 为银行规模，采用银行总资产衡量，RISK 为银行风险倾向，采用银行贷款和垫款总额占总资产的比重衡量。

基于该模型的 H 统计量为：

$$H = \beta + \gamma + \delta \tag{4.5}$$

由于利息收入是中国银行业的核心业务收入，所以选择利息收入作为被解释变量。本书也将利息收入/总资产作为被解释变量，发现结果与上

---

① 在银行年报的利润表中，银行的营业支出主要由营业税金及附加、业务及管理费、资产减值损失和其他业务成本四部分组成，其中业务与管理费、资产减值损失占各个银行营业支出80%以上。员工费用是业务与管理费的一部分。

述情况并无差异[①]。H 统计量的正确估计需要建立在市场运行处于长期均衡的假设条件下，因此，在实证检验银行业市场结构 H 统计量之前，必须进行市场均衡性检验。市场均衡性检验模型为：

$$\ln ROA_i = \alpha + \beta \ln LE_i + \gamma \ln FE_i + \delta \ln CE_i + \sum_k \eta_k \ln BSF_{ki} + \varepsilon_i \tag{4.6}$$

式中，总资产收益率（*ROA*）为银行净利润占总资产的比重。记 $E = \beta + \gamma + \delta$，若 $E = 0$，则表明银行的资产收益率与投入要素价格不相关，市场处于均衡状态。

三 数据描述和样本选取

本书主要考察以大型商业银行和股份制商业银行为主的地区银行业市场竞争问题，选取 5 家大型商业银行、12 家全国性股份制商业银行和 133 家城市商业银行作为研究样本。《中国银行业监督管理委员会 2014 年报》指出上述银行共占据中国银行业金融机构资产总额的 59.4%，农村中小金融机构和邮政储蓄银行占银行业金融机构资产总额的 16.5%，外资银行占银行业金融机构总资产比重仅为 1.62%，其余为非银行金融机构资产占比。由于农村中小金融机构和邮政储蓄银行、外资银行、其他非银行金融机构的创立宗旨、业务范围、服务对象与书中考察的商业银行显著不同，且这部分银行的财务数据严重缺失，因此将这部分银行样本剔除。

由于城市商业银行是地方性银行，年报能够反映该银行在地区的经营状况。而 5 家大型商业银行、12 家全国性股份制商业银行年报只能提供该银行总体经营状况的财务数据，无法反映这些银行在各地区的竞争行为。支行分管地区内的储蓄所和分理处，是各大商业银行系统经营运作的基础点和业务发展、创收的基本点。支行的设立需满足营运资金（1000 万元及以上）、员工数量及职业资格等方面的要求，并向银监会提出申请，而这 17 家银行在各地拥有发达的分支网络，因此支行是一个稳健的代理变量。本书采用各地支行所占比重（$\frac{\text{银行在该地区的支行数量}}{\text{银行总的支行数量}}$）作为权重来衡量该银行在各地区的资产分布、经营情况。支行分布数据来源

---

① 本书将“利息收入/总资产”作为被解释变量进行了回归分析，发现与“利息收入”作为被解释变量的结果一致。限于篇幅，本书未列出“利息收入/总资产”作为被解释变量的结果。

于17家银行官方网站，经手工整理和计算而得。

本书共收集了126家银行的数据，样本期为2007—2014年。各地区银行分布状况来源于银监会官网的各地区辖内银行业金融机构信息，由于西藏、青海和宁夏三个省（区）的银行业样本数据容量较小，其中西藏只有五家商业银行、青海只有八家商业银行、宁夏只有八家商业银行，因此剔除西藏、宁夏和青海三个省（区），分析中国其他28个省（区）、直辖市的银行业市场竞争。银行财务数据主要来源于Bankscope数据库，对于缺失的银行财务数据，通过搜寻各银行官网的年报数据进行更新和补漏。

第三节 地区银行业市场结构和产权结构测算

银行业结构包括市场结构和产权结构。非结构法从企业的竞争行为入手，能够更好地描绘市场竞争的状况。因此本书采用非结构法中的H指数来测算银行业的市场结构。而银行业的产权结构则利用结构法中的行业集中度进行测算。

一 地区银行业市场结构测算

采用STATA软件，首先对样本期内17家全国性股份制商业银行市场进行均衡性检验；其次分别进行横截面回归分析，得出2007—2014年全国性股份制商业银行间市场竞争度的H统计量。市场均衡性检验结果表明，样本期内在10%的显著性水平下均不能拒绝“银行的资产收益率与投入要素价格不相关”的原假设，通过市场均衡性检验，说明全国性股份制商业银行业满足市场长期均衡条件，PR模型结果可靠。PR模型实证结果（见附录1）显示，全国性股份制商业银行业呈现垄断竞争的市场结构，而且有向完全竞争发展的趋势。2007—2009年，银行业H统计量基本都在10%的显著性水平拒绝垄断和完全竞争的原假设，全国性股份制商业银行业市场竞争呈现垄断竞争的特点。从2010年开始，银行业H统计量基本都在5%的显著性水平拒绝垄断的原假设，而接受完全竞争原假设的P值不断上升，银行市场竞争开始趋向于完全竞争状态，大银行间竞争日益激烈。

国内外学者对银行业竞争度的测算一般采用利息收入和营业收入作为

被解释变量（Bikker and Haaf, 2002; Molyneux et al., 1994; Yuan, 2006），所以书中分别采用这两个指标作为被解释变量，将17家全国性股份制商业银行2007—2014年的所有面板数据集中混合进行回归分析，测算全国性股份制商业银行的长期总体竞争态势，并检验模型的稳健性。结果表明，两个模型并无显著差异，但用利息收入做被解释变量时，H值的估计值明显高于营业收入做被解释变量时的H值，这可能是因为资金成本与非利息业务收入无关（如表4.1所示）。

表4.1 稳健性检验

利息收入			营业收入		
lnINTR	Coef.	t	lnOPR	Coef.	t
lnLE	0.2106***	(5.59)	lnLE	0.2590***	(6.67)
lnFE	0.4942***	(18.92)	lnFE	0.1966***	(7.48)
lnCE	0.0654*	(1.9)	lnCE	0.0893**	(2.39)
lnRisk	0.3958***	(6.31)	lnRisk	0.4363***	(6.87)
lnAST	1.0231***	(154.49)	lnAST	1.0676***	(160.04)
_cons	-0.3328	(-1.14)	_cons	-2.7055***	(-8.79)
Adj. R^2	0.9958		Adj. R^2	0.9962	
样本数量	136		样本数量	136	
H值（2007—2014）	0.7701		H值（2007—2014）	0.5449	
	F值	相伴概率		F值	相伴概率
F（H=0）	279.9900	0.0000	F（H=0）	119.2000	0.0000
F（H=1）	24.9500	0.0000	F（H=1）	83.1300	0.0000

注：*代表在10%的水平显著，**代表在5%的水平显著，***代表在1%的水平显著。

对中国28个地区2007—2014年每年的银行数据进行均衡性检验，检验结果见附录2。其中广西壮族自治区有四年；河南省、四川省、辽宁省分别有三年；北京、内蒙古自治区、福建省各有两年；重庆、安徽、陕西、云南、湖南和吉林各有一年，在5%的显著性水平下拒绝E=0的原假设。其余的各个省（区市）在各个年份均在5%的显著性水平下不能拒绝E=0的原假设，均衡性检验通过，PR模型结果可靠。为保证各地区的PR模型检验结果的可靠性，剔除河南省、四川省、广西壮族自治区和辽宁省。

对样本期内中国24个地区各家银行每年的财务数据进行横截面回归

分析，得出 24 个地区 2007—2014 年各年的银行业市场竞争 H 统计量。各地区银行业市场竞争度 H 值结果如图 4.1 所示。

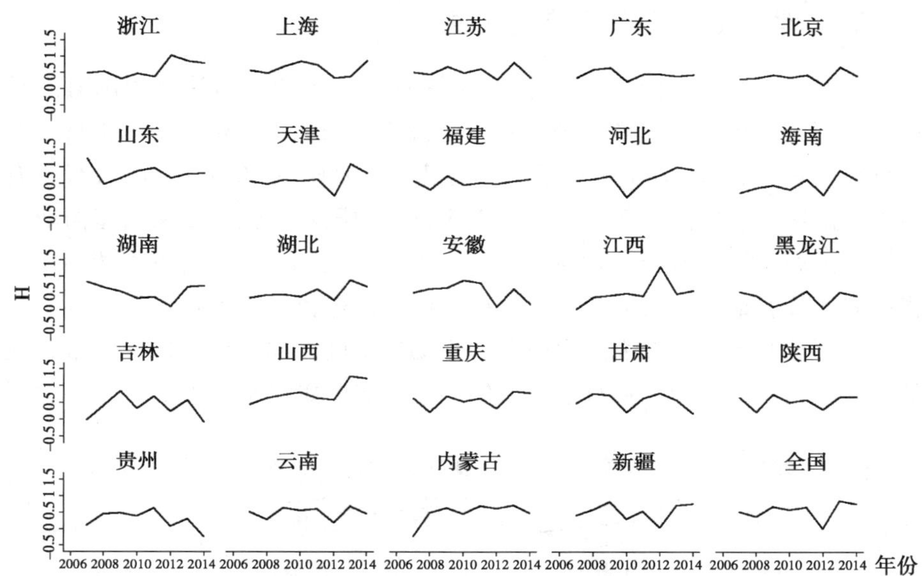

图 4.1 2007—2014 年全国及各地区银行业竞争度

从图 4.1 可知，2007—2014 年各地区的市场竞争 H 值基本都处于（0，1）区间范围内，各地区银行业市场竞争总体呈现垄断竞争的格局。全国性股份制商业银行之间的竞争度要高于各地区的银行业竞争度，说明大银行的市场环境更加具有竞争性。2007—2014 年，除安徽、吉林、黑龙江、贵州、甘肃外，其他地区的银行业竞争度都呈现上升趋势。尤其在 2013 年放开贷款利率管制后，大部分地区的银行市场竞争度上升趋势更为明显。

通过各地区银行资产分布和银行数量对比分析，发现各地区银行业分布格局呈现出一定的规律。在 4 个直辖市，基本显现出全国性股份制商业银行和当地 1 家大型城市商业银行激烈争夺市场份额的竞争态势。沿海地区的浙江、山东、河北奉行中小银行服务地区经济的发展理念，地区内都存在超过 25 家银行。广东、江苏、福建均存在 4—5 家地区中小银行，地区内都设有大约 20 家银行。测算结果显示，浙江、山东和河北的银行业竞争度显著高于广东、江苏和福建。中西部地区银行业则基本由全国性股份制商业银行垄断，除了陕西、云南、湖南、湖北、山西以外，其他中西部地区的地区内银行数量都少于或等于15家。

二 地区银行业产权结构测算

本书借鉴Barth等（2006）、Xiao和Zhao（2012）做法，用国有产权占50%以上的银行的资产占地区银行业总资产的比重来衡量地区银行业的产权结构。根据Bankscope数据库，满足国有股权占50%以上的银行只有中国工商银行、中国银行、中国建设银行、中国农业银行四家大型商业银行。四大商业银行股权结构见附录3。本书利用结构法中的市场集中度[①]指标来测算各地区银行业的产权结构。四大商业银行作为行业前四强，其市场份额总和不仅可以表示银行业的市场集中度，同时也可以表示银行业的国有化程度。各地区银行业产权结构CR_4结果如图4.2所示。

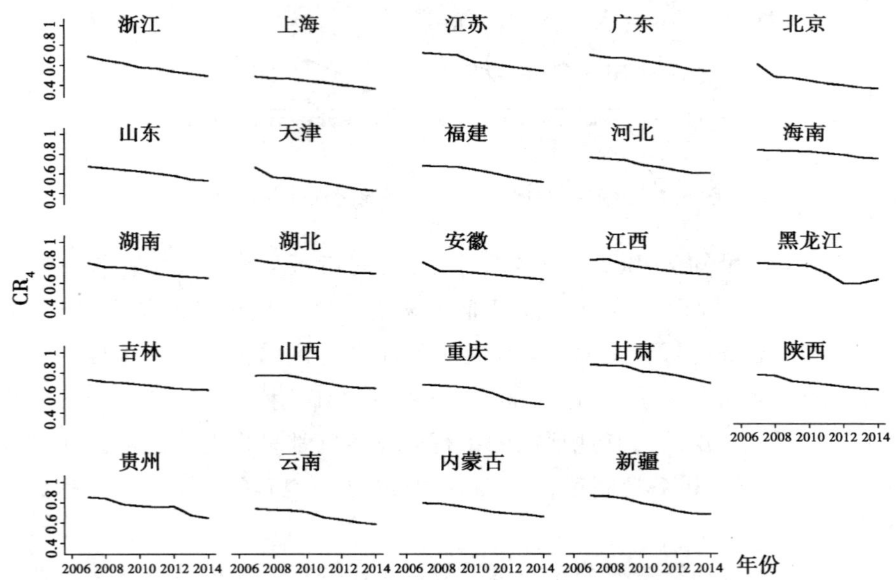

图4.2 2007—2014年各地区银行业产权结构

从图4.2可以看出，各地区银行业的国有化程度在2007—2014年出现了持续下滑。沿海地区除河北和海南外，其他省市的四大行资产占比

① 用四家大型商业银行在该地区的资产占该地区所有银行总资产的比重来衡量。

（产权结构）都在 60%以下，其中又以各直辖市为最低，且基本都低于 50%。然而，四大行在中西部地区银行市场中仍占据主导地区，中西部地区的四大行资产占比基本都保持在 70%左右。中西部地区银行业国有化程度明显高于东部地区。

2009 年开始，为了打破大型股份制商业银行的垄断，中西部地区的银行业掀起了一轮银行合并的浪潮。2009 年，陕西的长安银行由 2 家城商行和 3 家城信社合并组建；黑龙江的龙江银行由 3 家城商行和 1 家城信社合并组建。2010 年，湖南的华融湘江银行由 4 家商业银行和 1 家城信社合并组建；湖北银行由 5 家商业银行合并组建。2011 年，甘肃银行由 2 家商业银行合并组建。2012 年，贵州银行由 3 家城商行合并组建。2015 年，南昌银行合并景德镇银行组建为江西银行。

第四节 地区银行业市场结构的影响因素分析

PR 模型描述了竞争度 H 值和银行数量之间的关系，即银行竞争行为和银行业市场结构的关系。作为测度市场结构的方法，银行数量是一个相对有限的概念，它完全忽略银行在特定市场的规模分布。集中度是银行市场份额的加权平均，可以同时考虑数量和银行的规模分布，所以经常被认为是市场结构的简单代理变量。银行数量和集中度是反映市场结构的两个不同维度，其中银行数量指代市场的密度，集中度指代市场的偏斜度。由于中国的前四大商业银行的国有股权都超过 50%，上一节测算的产权结构等同于集中度。虽然市场结构并不是一个测算银行业竞争环境的良好统计指标，但是何种产业组织结构更有利于强化竞争机制仍然是金融体制改革亟须明确的问题。市场结构和竞争度关系的测定不仅是实施各项金融市场化改革的前提条件之一，也关系到银行业市场化改革和监管政策的实施效果。

除了内生变量市场结构以外，银行的竞争行为还要受制于外部的行业管制政策。利率市场化改革历时近 20 年，在利率管制背景下，由于银行的价格竞争行为被限制，质量竞争是银行的主要竞争手段。地区内各家银行通过提供差异化产品开展质量竞争，如设立更多的分支机构和 ATM 机等。2013 年 7 月，中国人民银行决定全面放开金融机构贷款利率管制，这是揭开银行业价格竞争的第一个关键节点。银行将会调整其竞争行为以适应利率市场化改革。利率市场化改革、全面开放民营银行的市场准入作为外部冲击，必将影响各个银行的竞争行为，改变各地区银行业市场集中度（产权结构）和竞争度之间的关系。

一　市场竞争度与利率市场化

本书用24个地区2007—2014年H值作为竞争度的测量指标，这些地区市场中银行数量的对数和集中度（产权结构）作为市场结构的代理变量，检验利率市场化改革对各地区银行业竞争度的影响。根据Bikker和Haaf（2002）模型建立各地区银行业竞争度影响因素回归方程：

$$H_{it} = \alpha_0 + \beta CI_{it} + \gamma \log n_{it} + D_t + \alpha_i + \varepsilon_{it} \quad (4.7)$$

式中，H_{it}是i地区t年的银行业竞争度；CI_{it}是i地区t年的银行业集中度，主要用CR_4和HHI衡量①；$\log n_{it}$是i地区t年银行数量的对数；D_t是时间虚拟变量，当年份≥2013时，$D_t=1$；当年份<2013时，$D_t=0$。

这里采用的面板数据截面数量大于时间长度，属于短面板。由于H值为生成值，可能存在异方差问题，因此，采用稳健标准误回归。表4.2汇报了模型（4.7）的混合OLS、固定效应、随机效应回归分析结果。实证结果显示，固定效应模型个体效应的F检验均接受个体效应为零的原假设，应采用混合OLS。

表4.2　　模型（4.7）实证结果

变量	固定效应	随机效应	混合OLS	变量	固定效应	随机效应	混合OLS
log n	0.5599* (1.89)	0.4472*** (3.71)	0.4403*** (4.17)	log n	0.5074 (1.48)	0.5607*** (3.79)	0.5651*** (4.35)
CR_4	0.8153 (1.45)	0.4300 (1.55)	0.4032** (2.06)	HHI	1.8700 (0.89)	2.3118** (2)	2.3549** (2.48)
D	0.1722** (2.55)	0.1447*** (2.65)	0.1428*** (3.13)	D	0.1466** (2.33)	0.1535*** (2.86)	0.1542*** (3.56)
_cons	−1.5967 (−1.44)	−1.0212** (−2.10)	−0.9840** (−2.52)	_cons	−1.1658 (−0.97)	−1.3777** (−2.47)	−1.3959*** (−2.94)
R^2	0.1305	0.1427	0.1428	R^2	0.1516	0.1526	0.1526
F	4.67**	40.72***	12.52***	F	4.13**	46.97***	13.33***

① 以银行总资产为测算标准，利用四大行资产占比CR_4和HHI作为市场结构集中度的变量。

续表

变量	固定效应	随机效应	混合 OLS	变量	固定效应	随机效应	混合 OLS
个体效应 F	1.36 0.1385			个体效应 F	1.2 0.2541		
Hausman	0.73 0.8652			Hausman	0.11 0.9902		

注：①各变量系数下方括号内数值为对应的 t 或 Z 值；②＊代表在 10%的水平显著，＊＊代表在 5%的水平显著，＊＊＊代表在 1%的水平显著；③个体效应 F 值下方数值为对应的 P 值；Hausman 检验值下方数值为对应的 P 值。

从表 4.2 可以看出，不论是用四大行资产占比（产权结构）还是用赫芬达尔指数作为市场集中度的代理变量，时间虚拟变量 D 都在 5%的显著性水平上，可见利率市场化改革对地区银行业市场竞争产生了正向影响，2013 年后贷款利率管制的放开强化了地区银行业市场竞争。

二 市场竞争度与集中度

为了进一步考察全面放开金融机构贷款利率管制之前和之后，地区银行业竞争度、集中度（产权结构）和银行数量之间关系发生的变化，本书分别选取 2007—2012 年数据、2013—2014 年数据根据模型（4.8）进行回归分析。

$$H_{it} = \alpha_0 + \beta CI_{it} + \gamma \log n_{it} + \alpha_i + \varepsilon_{it} \qquad (4.8)$$

对模型（4.8）分别进行两个不同时间段的回归分析。2007—2012 年数据回归分析结果显示，固定效应模型个体效应的 F 检验接受个体效应为零的原假设，因此应该采用混合 OLS。2013—2014 年数据回归分析结果显示，固定效应模型个体效应的 F 检验拒绝个体效应为零的原假设。以四大国有商业银行资产占比来代表银行业集中度（产权结构）的回归模型，Hausman 检验显示采用固定效应（见表 4.3）。

表 4.3 基于四大行资产占比（产权结构）的模型（4.8）实证结果

	2007—2012 年			2013—2014 年		
变量	固定效应	随机效应	混合 OLS	固定效应	随机效应	混合 OLS
log n	0.2670 (0.71)	0.3668*** (2.58)	0.3668*** (2.81)	2.3747*** (2.88)	0.6322*** (2.81)	0.5781*** (3.12)
CR_4	0.4582 (0.68)	0.3583 (1.17)	0.3583* (1.59)	6.4195** (2.17)	0.5829 (1.20)	0.4099 (0.98)

续表

	2007—2012年			2013—2014年		
_cons	-0.5445 (-0.38)	-0.7502 (-1.33)	-0.7502* (-1.57)	-9.8925*** (-3.62)	-1.4924* (-1.79)	-1.2366* (-1.79)
R^2	0.046	0.06	0.06	0.0653	0.1655	0.1674
F	0.27	7.8**	4.03**	7.46***	7.9**	5.02**
个体效应F	0.89 0.6076			3.16*** 0.0044		
Hausman	0.31 0.8575			5.32** 0.0698		

注：①各变量系数下方括号内数值为对应的t或Z值；②*代表在10%的水平显著，**代表在5%的水平显著，***代表在1%的水平显著；③个体效应F值下方数值为对应的P值；Hausman检验值下方数值为对应的P值。

表4.4　　　　基于赫芬达尔指数的模型（4.8）实证结果

	2007—2012年			2013—2014年		
变量	固定效应	随机效应	混合OLS	固定效应	随机效应	混合OLS
log n	0.13321 (0.29)	0.4524*** (2.84)	0.4524*** (2.82)	2.4699*** (3.14)	0.9493*** (2.68)	0.8518*** (3)
HHI	0.6039 (0.23)	1.7762 (1.57)	1.7762* (1.78)	23.4506* (1.76)	5.8257 (1.57)	4.7073 (1.6)
_cons	0.0503 (0.03)	-1.0006* (-1.72)	-1.0006* (1.78)	-9.2018*** (-3.46)	-2.7528* (-1.94)	-2.3405** (-2.06)
R^2	0.0633	0.0645	0.0645	0.1319	0.1963	0.1977
F	0.04	9.84***	4.29**	6.89***	8.75**	5.73***
个体效应F	0.84 0.6776			2.74** 0.0106		
Hausman	0.61 0.7374			2.63 0.2686		

注：①各变量系数下方括号内数值为对应的t或Z值；②*代表在10%的水平显著，**代表在5%的水平显著，***代表在1%的水平显著；③个体效应F值下方数值为对应的P值；Hausman检验值下方数值为对应的P值。

从表4.3和表4.4可以看出，贷款利率管制的放开进一步强化了银行数量对地区银行竞争的正向影响。在贷款利率管制放开以后，集中度与竞争度正相关关系的显著性水平得到很大的提升，同时集中度对竞争度的正向影响程度显著提高。

作为外部冲击的利率市场化改革对地区银行业的竞争度产生正向影响。利率市场化改革通过以下两条路径影响银行业竞争度：第一，利率市场化改革通过释放地区个性效应的异质性来影响银行业竞争；第二，利率市场化作为外生变量通过作用于内生变量市场结构来影响银行业竞争。在利率管制背景下，地区的个体效应对银行业市场竞争的影响非常微小。2013—2014 年在放开贷款利率管制之后，地区的个体效应对银行业市场竞争的影响非常明显。价格竞争作为最重要的竞争手段，能充分反映各地区的个体差异。利率管制导致银行的价格竞争手段失效，地区的个体效应被抑制，利率管制放开使各地区的异质性得到释放。利率市场化改革通过对内生变量市场结构的作用从而影响银行业竞争度。贷款利率管制的放开进一步强化了银行数量和集中度对地区银行竞争的正向影响。

银行数量与集中度（产权结构）作为市场结构的代理变量，与竞争度之间均存在显著的正相关关系。在利率管制背景下，各家银行通过分支机构的布局可以有效地定位有价值的客户群体，中小银行可以凭借自身的地缘优势与大银行展开质量竞争。放开利率管制以后，各家银行之间的价格竞争将日益激烈。因此，地区的银行数量越多，银行拥有的市场力量越小，竞争度 H 值越高。在利率管制背景下，在集中化的市场中，大银行可以通过高覆盖率的分支机构网络来强化质量竞争。在贷款利率管制放开以后，借贷双方信息不对称的行业特征为银行业的集中和竞争并存提供了可能性。大银行凭借其在处理硬信息上的规模经济优势在交易型贷款上拥有比较优势，市场越集中，大银行的优势就越明显。一旦放开贷款利率管制，为了赢得更大的市场份额，银行会在贷款利率上进行竞争，因此，在集中化的市场上会产生激烈的竞争。

第五节　小结

银行业结构包括市场结构和产权结构。非结构法从企业的竞争行为入手，能够更好地描绘市场竞争的状况。因此本书采用非结构法中的 H 指数来测算银行业的市场结构，利用市场集中度测算银行业产权结构。然后实证检验利率市场化改革、银行业集中度（产权结构）和银行数量对各地区银行业竞争度的影响，得出以下结论：①2007—2014 年各地区的市场竞争 H 值基本都处于（0，1）区间内，各地区银行业市场竞争总体呈现垄断竞争的格局，但是银行业竞争整体呈现上升趋势，尤其是利率市场化改革后，各地区银行业竞争度明显上升。②各地区银行业国有化程度都出现持续下降趋势，东部地区银行业国有化程度明显低于中西部地区，其中又以各直辖市的银行业国有化程度最低。③利率市场化改革对地区银行业市场竞争产生了正向影响，贷款利率管制的放开强化了地区银行业市场竞争。④地区的国有银行集中度（产权结构）与竞争度（市场结构）存在正相关关系，贷款利率管制放开后，地区银行业集中度对竞争度的提升作用显著增强。

本部分结论具有以下政策启示：实证研究表明利率市场化改革后，各地区银行业竞争度明显上升。但是20世纪80年代金融自由化浪潮之后，世界主要经济体的银行业集中度明显上升，银行业市场竞争度趋于下降。在长期，利率市场化改革能够推动大银行凭借自身的经营管理能力和风险控制能力稳步提升其市场份额，而部分中小银行的市场份额可能会受利率市场化的冲击而下降，甚至会被迫退出市场，从而加速了银行业市场中的“二极分化”。应当顺应金融自由化趋势，以供给侧结构性改革为契机，建立完全可竞争的银行业市场。提高银行业市场可竞争程度，最为关键的在于破除市场的准入、退出门槛，重点是建立健全银行退出机制。加强金融市场的有效制度供给，破除现有的经济和法律壁垒，建立完全可竞争的银行业市场，即只存在少数银行时，也可达到完全竞争状态。

第五章

银行业市场结构对企业创新影响的实证分析

有关银行业竞争对企业信贷的影响问题，从完全契约理论出发得出的研究结论与从不完全契约理论出发得出的研究结论大相径庭，并分别存在市场力量假说和信息假说。而银行业市场结构对企业创新投资的影响建立在上述问题研究的基础上。根据投资的欧拉方程，本章在修正 Brown 等（2009）模型的基础上，利用系统 GMM 方法分析银行业市场结构对企业创新投资的影响。实证检验结果表明，在中国，银行业市场结构对企业创新投资的影响符合基于不完全契约理论的信息假说，即银行业竞争不利于促进企业创新投资。

第一节　银行业竞争与企业信贷的假说

银行信贷的有限供给被认为是发展中国家经济增长的主要约束，尤其是中小企业往往面临较为严重的融资约束。银行在年轻私人企业的融资上起了非常重要的作用，而这些企业正好是创新的核心动力（Berger and Udell，1998；Nanda and Nicholas，2012）。银行业竞争将影响信贷的供给和信贷价格，外部融资的外生变化将会导致企业研发投入的变化。银行信贷供给曲线的变化最终将改变企业创新的融资约束。银行业竞争对信贷供给和信贷成本的影响，学术界并没有达成共识。银行业竞争对企业信贷的影响主要有市场力量假说和信息假说。

一　完全契约与市场力量假说

传统的市场力量假说认为，市场竞争会促进成本降低和更好的融资服务（Besanko and Thakor，1992；Guzman，2000）。银行竞争促进信贷供给的路径包括提高关系型贷款（Degryse and Ongena，2007）和降低利率（Carbo-Valverde et al.，2009）。在竞争性的银行业市场结构中，商业银行为了获得竞争优势，以较低的利率成本提供信贷，并高度重视发展关系型贷款。市场利率的降低以及发展关系型贷款而加大对软信息生产的投入，有利于减少企业的融资约束（Carbo-Valverde et al.，2009）。银行市场竞争可以降低利率，因此缓解所有企业的融资约束，其中也包括信息不透明的企业。

发达国家和发展中国家、转型国家的实证研究都发现了支持市场力量假说的证据。Fischer（2002）利用德国的数据、Ryan 等（2014）利用2005—2008 年欧洲 20 个国家的中小企业数据，这些实证研究结果都支持市场力量假说。在银行主导型的金融体系中，银行市场力量对融资约束的影响会更进一步上升。Love 和 Peria（2012）利用 53 个发展中国家企业数据进行实证研究，结果表明银行业竞争提高了企业信贷可及性。Leon（2015）利用 69 个发展中国家和转型国家的企业层面数据研究银行业竞争对信贷约束的影响。研究结果表明银行竞争不仅导致更宽松的贷款审批决策，而且降低借款人的失望。

大多数有关中国银行业市场结构与企业信贷约束的研究都支持市场力量假说（Shen et al.，2008；Chong et al.，2013；彭欢和雷震，2010；蒋海和廖志芳，2015；朱晶晶等，2015）。Chong 等（2013）研究发现，中国大量存在的股份制商业银行对缓解企业融资约束起的作用最大，其次是城市商业银行，国有银行的作用最小。Shen 等（2008）则认为城市商业银行对缓解中小企业信贷约束更重要。鲁丹和肖华荣（2008）强调中小银行在缓解信息不透明的中小企业融资上的重要性。蒋海和廖志芳（2015）、Shen 等（2008）实证研究表明银行业竞争的提高有效缓解了中小企业的融资约束，与之相反，朱晶晶等（2015）研究表明，银行业市场结构对不同规模企业信贷约束的影响存在差异，银行业市场竞争度的提高并没有显著提高小企业获得银行信贷的可能性。

这些研究结论都是建立在完全契约理论基础上。由于完全契约可以在事前规定各种或然状态下当事双方的权利和责任，因此研究的重心就是事前的信息筛选和事后的监督问题。市场力量假说在完全信息的基本假设前提下，围绕银行和企业之间的信息不对称问题展开研究。市场竞争促进信贷供给增加的两个主要路径为降低利率成本和高度重视发展关系型贷款。

尤其是大力发展关系型贷款而加大对软信息生产的投入，研究的重点都是关系型贷款凭借软信息优势通过事前的筛选监督和事中监督环节来缓解银行和企业的信息不对称问题，而不涉及事后剩余控制权的相机转移问题。因此，市场力量假说研究并没有考虑银行债权约束在公司治理中的作用，机制设计注重克服信息不对称问题，而没有在考虑信息不完全假设前提下对资产剩余权力（控制决策权）进行机制设计。

二 不完全契约与信息假说

信息假说认为激烈的竞争会使银行更难将资助财务信息不透明企业的收益内生化，从而导致更高的融资约束（Petersen and Rajan，1995）。Marquez（2002）认为竞争性的银行市场结构削弱了银行甄别客户的能力，因此降低了企业获得贷款的可能性。银行和企业之间存在信息不对称问题，拥有市场力量的银行将放弃向相对不透明、高风险企业收取利息溢价，因为通过与企业建立借贷关系可以允许银行在后续的各期中收取信息租金。反之，如果银行在高度竞争的市场中经营，则必须保证在每一期都实现盈亏平衡，当借款人的收益不确定性增强时，银行必须向企业收取更高的贷款利息才能保持稳定的风险调整收益。

地方银行市场集中度的上升有利于提高信贷的可及性。Petersen 和 Rajan（1995）研究发现地区银行市场集中度上升（竞争度下降）与美国企业的融资可得性上升有关。Fischer（2000）实证发现，更高的银行市场集中度为德国工业企业提供更好的信贷服务，并提升了信息流。Patti 和 Gobbi（2001）发现，在意大利的省级市场银行业集中度与小企业信贷的数量显著正相关，分行密集度对所有企业的信贷流量都有正向影响。Patti 和 Dellariccia（2004）研究发现，银行竞争对信息不对称更严重部门的新企业的出现有不利影响。Tacneng（2014）发现，地方集中的银行市场通常与信贷可及性的提升相关。张晓玫和潘玲（2013）指出关系型贷款是银行业集中程度较高地区的银行向中小企业发放贷款的重要技术。银行业市场竞争度的提高将提升银行跨期分摊成本的难度，从而减少对企业的融资支持。

信息假说认为不完全契约能够让银行和企业分享剩余。在竞争性信贷市场，由于贷款人不能持有股权索取权，因此贷款人不能预期分享企业未来的剩余。在竞争性市场，银行要求在每一期都要实现盈亏平衡，如果其利率高于竞争利率，银行将失去该笔生意。由于年轻、创新企业的未来充满不确定性，竞争性信贷市场的贷款人可能将被迫收取高利率，直到不确定性消失。而在垄断竞争信贷市场，拥有市场力量的银行通过攫取未来租金来分享企业未来的剩余。在不完全契约框架下，通过再谈判对初始契约进行修订，银行可以在各期内平滑利率收入，在企业年轻和创新阶段补贴企业，然后在自然状态实现时对企业“敲竹杠”再攫取租金。因此，同等条件下的银行在垄断竞争信贷市场中，比完全竞争信贷市场中更愿意提供信贷。总之，信贷市场的竞争约束了贷款人和企业跨期分享剩余的能力。当契约不完全时，市场力量 M 的增加赋予银行垄断力量，有助于其在事后重新谈判中可以通过威胁不再提供金融服务（“敲竹杠”），断绝信息不透明企业寻求其他金融融资对象的有限可能，从而能够占据事后的控制决策权。

第二节 模型和数据样本选取

一 模型设定与变量定义

目前国内外文献主要采用三种方法度量企业创新：第一种是投入法，采用较多的是 R&D 投入，一般用研发投入强度，即研发费用与公司资产的比值（Berrone et al.，2007；孙婷和温军，2012）。第二种是产出法，采用较多的是专利授权数量（Nanda and Nicholas，2014；马彦新，2012；高志，2014）；第三种是新产品销售收入，新产品销售收入占主营业务收入比重（Kochhar and David，1996）。本书采用研发投入强度作为企业创新的衡量指标，并运用投资的欧拉方程来实证检验银行业结构对企业创新投资的影响。

欧拉模型最早主要运用于固定投资研究，模型假设企业利润是物质资本存量的函数，资本调整成本是资本投资相对于资本存量比率的二次型函数。如果要应用到研发模型中，则考虑利润是研发存量的函数。研发存量的计量存在困难，研发支出长期时间序列的缺失使利用永续盘存法来计算库存变得不可行，像研发这样的无形资产的折旧率很难决定。因此，在回归中利用企业的总资产存量作为占比因子，并假设研发的调整成本是研发/总资产的二次项。

$$rd_{j,t} = \beta_1 rd_{j,t-1} + \beta_2 rd_{j,t-1}^2 + \beta_3 S_{j,t-1} + \beta_4 cf_{j,t-1} + d_t + \alpha_j + v_{j,t} \tag{5.1}$$

$rd_{j,t}$ 是企业 j 在 t 期的研发投资，表示为企业的研发投资/期初总资产；$S_{j,t-1}$ 是企业 j 在 $t-1$ 期的净销售额/期初总资产；$cf_{j,t-1}$ 是上一期的总现金流，即以往有关融资和研发文献定义的内部现金流，表示为（企业净利润+固定资产折旧、油气资产折耗、生产性生物资产折旧+无形资产摊销+长期待摊费用摊销）/年初总资产。模型中所有变量都除以期初的总资产存量。α_j 表示企业效应，d_t 表示时间效应。企业效应：控制所有时间无关的企业层面研发影响因素；Bond 和 Meghir（1994）模型用总时间虚拟变量来控制资产总成本和税率的变化。如果企业能够按期满足欧拉方程，且利用 $t-1$ 期或更早期的所有信息来形成理性预期，（$v_{j,t}$）误差项将服从独立分布。

企业面临融资约束，内部或者外部债权和股权融资的外生变化都会导致研发投资的变化。对于那些一开始内部融资就耗损的企业，我们预计任何一种供给的变化都会提高研发的最佳数量。对有约束的企业来说，1 美元额外融资会带来低于 1 美元的研发。因为企业资金还有其他用途，如投资有形资产和流动资本，其次，研发投资可能比有形资产投资调整成本更高。大多数研发投资是支付给高级熟练技术工人的工资。当面临高调整成本时，企业对融资的正向供给变化的持续性不确定，企业就可能会保存一些新股权投资和长期贷款以便于在未来有资源维持研发的初始增长。如果存在融资约束，则其对研发的约束要强于其他形式的投资。因为研发资本缺乏担保价值，企业甚至需要对潜在投资者保护其独有信息。为了研究研发投资的融资约束，在模型中加入企业内部和外部融资的变量。对 Brown 等（2009）的创新投资欧拉模型进行修正。修正后的模型为：

$$rd_{j,t} = \beta_1 rd_{j,t-1} + \beta_2 rd_{j,t-1}^2 + \beta_3 S_{j,t} + \beta_4 S_{j,t-1} + \beta_5 cf_{j,t} + \beta_6 cf_{j,t-1} + \beta_7 loan_{j,t} + \beta_8 loan_{j,t-1} + \beta_9 equity_{j,t} + \beta_{10} equity_{j,t-1} + d_t + \alpha_j + v_{j,t}$$

模型的因变量为 $rd_{j,t}$（企业 j 在 t 期的研发投资），表示为企业 t 期的研发投资/期初总资产。模型的自变量包括研发的滞后一期及滞后一期的平方项、现金流的当期和滞后一期、净销售收入的当期和滞后一期、债权融资的当期和滞后一期、股权融资的当期和滞后一期、时间虚拟变量和产业虚拟变量。模型中所有变量都除以期初的总资产存量。

根据融资约束理论内部融资的标准化计量方法，在模型中加入当期总

现金流 $cf_{j,\ t}$ 变量来衡量融资约束，表示为（企业净利润+固定资产折旧、油气资产折耗、生产性生物资产折旧+无形资产摊销+长期待摊费用摊销）/年初总资产。在规模报酬不变和假设其他要素的边际产品等于成本的情况下，滞后一期 $cf_{j,\ t-1}$ 在模型中解释其他生产要素的成本。因此，$cf_{j,\ t-1}$ 在模型中不表示融资约束，但是结构模型暗示 β_6 系数为负数。$S_{j,\ t}$ 是企业 j 在 t 期的净销售额/期初总资产，当前销售额 $S_{j,\ t}$ 作为控制企业需求的控制变量，将其加入模型是为了避免由于销售额和现金流之间相关性可能导致的 β_5 遗漏变量偏误。外部融资主要包括债权融资和股权融资。债权融资 $loan_{j,\ t}$ 用（本年长期贷款-上年长期贷款）/期初总资产来表示。股权融资 $equity_{j,\ t}$ 用（实收资本变化额+资本公积变化额）/期初总资产来表示，其中实收资本变化额=本年实收资本-上年实收资本，资本公积变化额=本年资本公积-上年资本公积。d_t 和 α_j 分别表示与时间和产业相关的未观察因素。产业层面的时间虚拟变量 d_t 控制在产业层面的所有时间变化需求冲击，α_j 表示企业的行业特征差异，用证监会行业级别中的二类级别（中类行业）的虚拟变量表示。

二 数据来源和样本选取

书中所采用的企业研发数据、净销售收入、长期贷款和股权融资各项数据均来源于 Wind 上市公司数据库，剔除其中的金融企业数据，保留所有非金融上市公司数据。样本企业数据包括 A 股非金融企业 2798 家、中小企业板 788 家上市企业和创业板 508 家上市企业数据。地区银行市场竞争度 H 值数据来自第四章地区银行市场竞争度的测算结果。同时根据第四章地区银行市场竞争度均衡性检测结果，剔除辽宁、四川、广西、河南，以及西藏、宁夏和青海 7 个省（区）的数据，保留其余 24 个省区市的样本观测值。

样本时间为 2007—2014 年，对原始数据进行了以下处理，剔除所有研发费用小于等于 0 的样本观测值；以及现金流为负数的样本观测值，对所有连续变量数据进行上下 1%的缩尾处理。

企业所有制、企业规模以及企业的科技属性划分标准如下。Wind 数据库中上市企业的公司属性包括中央国有企业、地方国有企业、集体企业、公众企业、民营企业、外资企业、其他企业。本书根据企业所有权性质将企业划分为国有企业和私营企业，其中国有企业包括公司属性为中央国有企业和地方国有企业的所有企业，私营企业为公司属性为民营企业的企业。企业规模分类则依照下列方法进行：将主板企业归为大型企业，中小企业板和创业板企业归为中小企业。企业是否属于高科技企业根据企业所属证监会行业中类行业进行划分，依据鲁桐和党印（2014）的行业分类方法，医药制造业，仪器仪表制造业，通用设备制造业，专用设备制造业，计算机、通信和其他电子设备制造业，软件和信息技术服务业，电气机械和器材制造业，互联网和相关服务，研究实验，铁路、船舶、航空航天和其他运输设备制造业和其他制造业归为高科技产业，其余为非高科技产业。

第三节　不同竞争度市场的实证检验结果

为考察银行业市场结构对企业创新的影响，根据第三章理论研究中银行市场力量 M（银行业竞争度 H 的倒数），M = 1（完全竞争）和 M > 1（垄断竞争）的两种不同市场结构，以第四章测算出的地区银行业竞争度 H 的均值为标准将 24 个地区划分为高竞争度银行市场（竞争性市场）和低竞争度银行市场（垄断竞争市场），H 值高于均值的地区归为高竞争度银行市场，H 值低于均值的地区归为低竞争度银行市场。

一　描述性统计

表 5.1 显示全样本企业、高竞争度银行市场、低竞争度银行市场中的企业研发投资主要变量的描述性统计结果。

表 5.1　　不同市场企业研发投资描述性统计

变量	类型	样本个数	均值	中位数	标准差	最小值	最大值
rd	全样本市场	11251	0.03468	0.02409	0.13464	7.32E-07	12.8665
	低竞争度市场	6191	0.03754	0.02529	0.16880	3.27E-06	12.8665
	高竞争度市场	5060	0.03118	0.02269	0.07369	7.32E-07	4.61291
cf	全样本市场	11251	0.14805	0.10473	0.50326	0.00067	30.7476
	低竞争度市场	6191	0.15234	0.11023	0.37510	0.00073	21.9477
	高竞争度市场	5060	0.14281	0.09775	0.62530	0.00067	30.7476
netsales	全样本市场	11251	0.12306	0.08081	0.44466	-0.34819	29.39851
	低竞争度市场	6191	0.12873	0.08713	0.31617	-0.22171	17.87123
	高竞争度市场	5060	0.11611	0.07390	0.56328	-0.34819	29.39851

续表

变量	类型	样本个数	均值	中位数	标准差	最小值	最大值
loan	全样本市场	11251	0.01890	0	0.68139	-0.60544	64.6432
	低竞争度市场	6191	0.01957	0	0.82614	-0.49662	64.6432
	高竞争度市场	5060	0.01810	0	0.44427	-0.60544	28.06677
equity	全样本市场	11251	0.18151	0	0.87463	-1.1500	59.64342
	低竞争度市场	6191	0.21279	0.00002	1.03702	-1.1500	59.64342
	高竞争度市场	5060	0.14325	0	0.61856	-0.95362	20.71881
h	全样本市场	11251	0.55446	0.51002	0.23394	-0.23336	1.31685
	低竞争度市场	6191	0.37989	0.40800	0.12151	-0.23336	0.55154
	高竞争度市场	5060	0.76805	0.73600	0.14394	0.55563	1.31685

从表5.1中可以看出，低竞争度银行市场中的企业各项变量均值都高于高竞争度银行市场企业。低竞争度银行市场的企业研发投资均值高于高竞争度银行市场的企业研发投资，说明低竞争度银行市场中的企业创新动力更足。低竞争度银行市场的企业现金流、净销售额均值均高于高竞争度银行市场的企业，说明低竞争度银行市场的企业绩效更高。而低竞争度银行市场的企业长期贷款均值与高竞争度银行市场的长期贷款均值非常接近，说明银行业竞争促进信贷供给增加的结论有待商榷。

图5.1显示在银行业竞争度低的市场，企业各年研发投资和长期贷款均值的变动趋势。在高竞争度银行市场，企业研发投资与长期贷款均值的趋势如图5.2所示。从图5.1可以看出，在银行业竞争度低的市场，企业的研发投资与企业长期贷款基本呈现出同向变动的趋势。以2013年为分界点，2013年之前企业的研发投资高于企业长期贷款，但是2013年之后企业的研发投资低于企业长期贷款。而图5.2显示，在银行业竞争度高的市场，企业研发投资与长期贷款并没有呈现出规律性。

对比图5.2和图5.1发现，在高度竞争市场，企业长期贷款的增加并没有最终促进企业研发投资的增加。长期贷款并没有与企业的研发投资形成同向变动的趋势。而在银行业低竞争度的市场，企业的研发投资与长期贷款的同向变动趋势表明，银行拥有市场力量，有利于促进企业创新。

表5.2是根据所有制、规模和产业差异进行分类的不同类型企业研发投资的描述性统计。

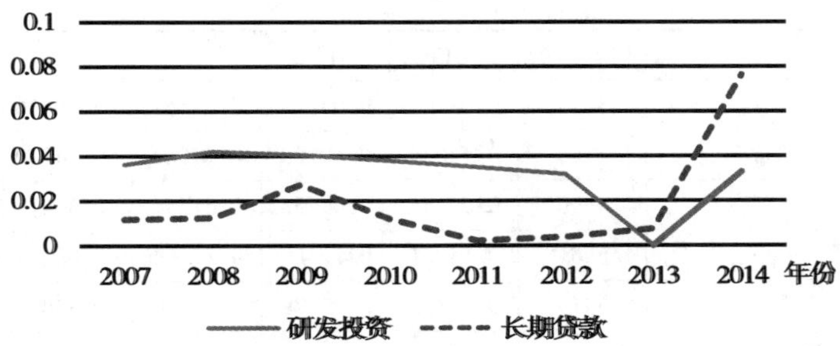

图 5.1　低竞争度银行业市场企业研发投资和长期贷款均值

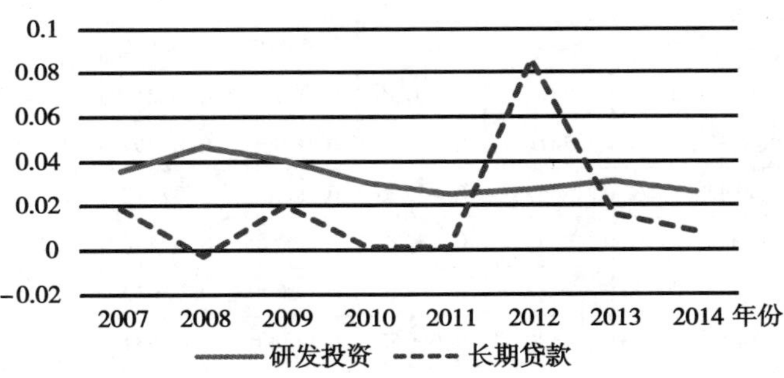

图 5.2　高竞争度银行业市场企业研发投资和长期贷款均值

表 5.2　不同类型企业研发投资描述性统计

变量	类别	样本个数	均值	中位数	标准差	最小值	最大值
rd	国有企业	3139	0.02069	0.01138	0.08566	0.00000	4.61291
	私营企业	7164	0.03844	0.02933	0.04208	0.00000	1.14889
	大型企业	4390	0.02330	0.01106	0.20835	0.00000	12.86650
	中小企业	6861	0.04196	0.03200	0.04272	0.00001	0.80853
	高科技企业	5810	0.04519	0.03197	0.17422	0.00000	12.86650
	非高科技企业	5441	0.02346	0.01626	0.06956	0.00000	4.61291
cf	国有企业	3139	0.11445	0.07317	0.77245	0.00067	30.74760
	私营企业	7164	0.16137	0.12226	0.31333	0.00135	21.94770
	大型企业	4390	0.12633	0.07614	0.77665	0.00067	30.74760
	中小企业	6861	0.16196	0.12739	0.17010	0.00135	7.32750
	高科技企业	5810	0.15592	0.11367	0.27496	0.00135	15.67873
	非高科技企业	5441	0.13966	0.09630	0.66551	0.00067	30.74760

续表

变量	类别	样本个数	均值	中位数	标准差	最小值	最大值
netsales	国有企业	3139	0. 08103	0. 04324	0. 69151	-0. 29726	29. 39851
	私营企业	7164	0. 14034	0. 10203	0. 27582	-0. 34819	17. 87123
	大型企业	4390	0. 09344	0. 04753	0. 67531	-0. 34819	29. 39851
	中小企业	6861	0. 14201	0. 10650	0. 17764	-0. 08281	7. 12298
	高科技企业	5810	0. 13303	0. 09179	0. 24616	-0. 34819	12. 04030
	非高科技企业	5441	0. 11240	0. 07064	0. 58649	-0. 15961	29. 39851
loan	国有企业	3139	0. 02757	0. 00000	0. 56039	-0. 60545	28. 06677
	私营企业	7164	0. 01675	0. 00000	0. 76857	-0. 32777	64. 64320
	大型企业	4390	0. 03694	0. 00000	1. 08582	-0. 60545	64. 64320
	中小企业	6861	0. 00736	0. 00000	0. 08210	-0. 32777	3. 84827
	高科技企业	5810	0. 00640	0. 00000	0. 06797	-0. 49662	2. 13840
	非高科技企业	5441	0. 03226	0. 00000	0. 97718	-0. 60545	64. 64320
equity	国有企业	3139	0. 07277	0. 00000	0. 47240	-1. 15004	19. 67888
	私营企业	7164	0. 22246	0. 00000	0. 75032	-1. 11193	31. 11277
	大型企业	4390	0. 09062	0. 00000	1. 11531	-1. 15004	59. 64342
	中小企业	6861	0. 23967	0. 00000	0. 67082	-0. 32861	20. 71881
	高科技企业	5810	0. 21841	0. 00000	1. 02539	-1. 15004	59. 64342
	非高科技企业	5441	0. 14211	0. 00000	0. 67545	-1. 11193	31. 11277

从表 5. 2 可以看出，从企业类型来看，私营企业、中小企业和高科技企业的研发投资均值显著高于国有企业、大型企业和非高科技企业，说明中国的私营企业、中小企业和高科技企业创新活力更强，而其中高科技企业的研发投资均值最高，这符合高科技企业研发密集型的产业特点。国有企业、大型企业和非高科技企业的长期贷款均值高于私营企业、中小企业和非高科技企业，表明中国的银行业对企业融资存在所有制偏好、规模偏好和产业偏好。与之相反，私营企业、中小企业和高科技企业的股权融资明显高于国有企业、大型企业和非高科技企业。私营企业、中小企业和高科技企业的内部现金流、净销售收入均值都高于国有企业、大型企业和非高科技企业。

从描述性统计中我们可以看出，从银行业市场竞争程度差异出发，不同竞争度的银行市场中企业绩效呈现出差异化趋势。低竞争度银行市场中企业的绩效明显高于高竞争度银行市场的企业，低竞争度银行市场中的企业研发投资明显高于高竞争度银行市场中的企业。在低竞争度银行市场中，企业的长期贷款与企业研发投资呈现同向变动的趋势。描述性统计表明，银行业竞争与企业研发投资符合信息假说。从企业的性质差异出发，发现不同性质的企业的绩效呈现出差异化趋势。其中私营企业、中小企业和高科技企业不仅绩效高于国有企业、大型企业和非高科技企业，这些企业的研发投资也明显高于国有企业、大型企业和非高科技企业，表明这些企业的研发活力更强。

二 不同竞争度市场实证检验结果

表 5.3 分别报告了全样本、低竞争度银行业市场、高竞争度银行业市场的企业研发投资实证结果。从表 5.3 中可以看出，企业的研发投资与上一期的研发投资显著正相关，表明企业的研发投入具有持续性。前期研发投入会增加企业的后续研发投入，前期研发投入较多的企业增加后期研发投入的可能性更强。

表 5.3　　不同竞争度银行业市场的企业研发投资实证检验结果

	全样本	低竞争度市场	高竞争度市场
rd_{t-1}	0.756*** (5.34)	0.503** (2.44)	0.950*** (6.16)
$Netsales_t$	0.067 (0.63)	-0.0864 (-1.00)	-0.187** (-2.43)
$Netsales_{t-1}$	-0.0068 (-0.08)	-0.0045 (-0.13)	0.0533 (0.8)
cf_t	-0.0325 (-0.29)	0.198** (2.27)	0.295** (3.23)
cf_{t-1}	-0.0082 (-0.10)	-0.0346 (-1.41)	-0.13 (-1.64)
${rd_{t-1}}^2$	-0.5 (-0.44)	0.209 (0.21)	-2.062** (-2.00)
$loan_t$	-0.0221 (-0.70)	-0.041 (-0.73)	0.0172 (0.47)
$loan_{t-1}$	0.0135 (0.44)	0.0162** (2)	0.0103 (0.96)
$equity_t$	-0.0014 (-0.59)	0.0023 (0.68)	-0.0036 (-0.98)

续表

	全样本	低竞争度市场	高竞争度市场
$equity_{t-1}$	-0.0141*** (-4.10)	-0.0071** (-2.38)	-0.0079** (-2.40)
cons	0.0221 (0.8)	0.0101 (0.38)	0.0087 (0.33)
year	是	是	是
industry	是	是	是
N	8790	2895	2126
AR（1） P	0.000	0.000	0.000
AR（2） P	0.053	0.359	0.072
Hansen test	0.472	0.258	0.767

注：①在两阶段系统 GMM 方法中，水平方程和差分方程的工具变量选取：全样本模型采用 $t-4$期作为研发投资的工具变量，其余变量分别采用 $t-3$ 期作为工具变量；低竞争度市场和高竞争度市场模型都采用 $t-3$ 期和 $t-4$ 期作为研发投资的工具变量，其余变量采用 $t-2$ 期作为工具变量；②小括号内的数值为变量估计系数的 z 统计值；③ * 代表在 10%的水平显著，** 代表在 5%的水平显著，*** 代表在 1%的水平显著。

低竞争度银行市场和高竞争度市场中企业的研发投资与当期的现金流显著正相关，显示内源融资是当前企业研发投资的主要来源，目前企业的研发投资存在明显的融资约束。而由于研发投资的高风险和长期性，导致企业的研发投资主要依赖企业内部的现金流，呈现明显的融资约束。

企业研发投资与企业前一期的股权融资显著负相关，前一期的股权融资对下一期的研发投资产生负面影响，股权融资的增加使企业的经营管理层面临强大的压力，股东对短期盈利和利润率的追求势必会压缩企业的研发投资。股东对盈利率、风险控制的追求与高风险、高投入、长周期的研发投资存在目标冲突。

在低竞争度银行业市场，银行长期贷款与企业的研发投资呈现显著正相关关系。而在高竞争度的银行业市场，银行长期贷款与企业研发投资并不存在显著关系。实证结果论证了银行业竞争不利于企业融资约束缓解的信息假说。在低竞争的银行市场，因为拥有市场力量，银行将放弃向企业的高风险创新项目收取利息溢价，而是通过与企业建立长期借贷关系，银行在后续的各期中收取信息租金。竞争的加剧将大大削弱银行与企业借贷关系的稳定性，银行必须保证在每一期都实现盈亏平衡。由于借款人创新项目的收益不确定性，银行必须向企业收取更高的贷款利息才能保持稳定的风险调整收益，而且一旦创新项目成功时，竞争对手将以更优惠的竞争性条款瓦解银行与该企业建立的长期信贷关系。竞争的存在使银行无法将信息优势内生化，因此，银行建立借贷关系的动机将大大降低。相反，在竞争性低的银行业市场，银行提高信贷审批的质量（Broecker，1990；Marquez，2002）、提升投资信息收集技术的动机（Hauswald and Marquez，2006）更高，而且银行提升信贷技术的规模经济效应更加明显。

根据不完全契约理论，不完全契约赋予银行和企业分享创新剩余的能力。在银行主导型金融体系中，在低竞争度的银行市场，银行凭借其市场力量对企业“敲竹杠”，跨期分享企业的创新剩余，从而增加银行信贷关系的供给，最终为潜在的借款人提供更多的债权融资。创新项目具有高度不确定性，在高度竞争的信贷市场，由于银行预期不能分享未来企业创新剩余，银行将被迫在每期收取高利率进行风险收益调整。但是，在低竞争度的银行市场，市场力量为银行提供了在各期内平滑利率收入和企业跨期分享创新剩余的能力。银行可以在再谈判过程中凭借其强大的谈判力对企业进行“敲竹杠”，攫取可占用性准租金，实现剩余控制权的相机转移，分享企业创新剩余。因此，银行在垄断竞争信贷市场比完全竞争市场更愿意为企业提供创新信贷。

根据优序融资理论（Myers，1984；Myers and Majluf，1984，Aghion and Bolton，1992），因为管理层与投资者间存在信息不对称，导致企业存在融资顺序，即留存收益、债务融资、权益融资。按照融资的控制权理论，企业遵循既定的融资等级和融资模式偏好。内源融资虽然可以确保企业拥有完全的控制权，但是随着生产规模扩大、技术进步，单纯依靠内部的现金流已经很难满足企业的资金需求，外源融资成为企业获取资金的重要方式。而债权融资优于股权融资是因为涉及更少的控制权流失。股权融资会导致企业控制权的下降，债权融资则可以减少投资人对企业经营管理决策的影响。实证结果表明中国企业研发投资符合优序融资理论，内部现金流是企业研发投资的主要来源，股权融资与企业的研发投资显著负相关。但是在低竞争银行市场，企业的研发投资与银行长期贷款呈正相关关系，对企业创新投资而言，债权融资顺序偏好优于股权融资。

三　低竞争度市场实证检验结果

表 5.4 汇报了不同所有制、不同规模、不同产业企业在低竞争度的银

行市场中的研发投资实证检验结果。结果显示，在低竞争度的银行市场，除国有企业外，其他类型企业的研发投资都与上一期的研发投资显著正相关，表明不同规模、不同产业的企业研发投资都存在持续性。在低竞争度的银行业市场，国有企业、私营企业、高科技企业和非高科技企业的研发投资都与企业的内部现金流存在显著正相关关系。除了大型企业和中小企业外，其他类型企业研发投资都存在严重的融资约束。

根据表 5.4，在低竞争度的银行市场，私营企业和高科技企业的银行长期贷款与企业的研发投资呈现显著的正相关关系。对这两类企业而言，现金流和银行长期贷款构成企业研发投资的主要资金来源。在低竞争度市场，银行的债权融资对大企业和中小企业的研发投资都产生了一定促进作用，但是并不显著。中小企业的滞后一期长期贷款的 P 值为 0.133，接近 0.1 的显著性水平，大型企业滞后一期长期贷款的 P 值为 0.161，也接近 0.1 的显著性水平。

表 5.4 实证检验结果显示，企业的规模没有显著影响银行长期贷款和企业研发投资之间的关系；同时企业的规模也没有对企业的创新融资约束水平产生显著影响。原因在于所有上市企业都达到了规模以上企业的标准。中小企业贷款难的根本原因是银企间严重的信息不对称。信息不对称导致的逆向选择使对中小企业进行信贷配给成为银行的理性选择。另一个重要原因是中小企业的抵押品不足。一些低风险的中小企业由于资产较少、抵押品不足，无法有效显示自身的信用品质（Bester，1987）。虽然主板市场和中小企业板市场上市标准存在差异，但是企业上市都必须满足特定的上市门槛，如信息披露条件和资产规模条件。上市中小企业都达到了规模以上企业的标准，且都建立了上市公司规范的财务制度和信息披露制度，这些都大大缓解了银企间的信息不对称问题和抵押品不足问题。

表 5.4　低竞争度银行市场的企业研发投资实证检验结果

	国有企业	私营企业	大型企业	中小型企业	高科技企业	非高科技企业
rd_{t-1}	0.0953 (0.4)	0.525*** (2.6)	0.394** (2.12)	0.725*** (3.49)	0.805*** (3.37)	0.544*** (3.12)
$Netsales_t$	-0.0675 (-0.95)	-0.161 (-1.54)	-0.0547 (-0.80)	0.0231 (0.16)	-0.156 (-1.28)	-0.065 (-1.04)
$Netsales_{t-1}$	-0.0505 (-1.10)	-0.0197 (-0.52)	-0.0109 (-0.42)	-0.0377 (-0.56)	0.0489 (0.75)	0.0188 (0.41)

续表

	国有企业	私营企业	大型企业	中小型企业	高科技企业	非高科技企业
cf_t	0.170** (2.25)	0.300*** (2.64)	0.105 (1.36)	0.152 (1.0)	0.321** (2.5)	0.206** (2.52)
cf_{t-1}	0.0586 -1.12	-0.0464 (-1.25)	-0.011 (-0.79)	-0.0834 (-0.95)	-0.164** (-2.18)	-0.0302 (-0.72)
$rd_{t-1}{}^2$	4.366* (1.93)	0.185 (0.18)	3.829 (1.46)	-0.421 (-0.49)	-0.745 (-0.82)	-1.281 (-0.90)
$loan_t$	-0.002 (-0.08)	-0.0043 (-0.08)	-0.0254 (-1.36)	-0.0632 (-0.67)	0.0566 -0.79	-0.0083 (-0.24)
$loan_{t-1}$	0.0066 (0.5)	0.0191** (1.96)	0.0174 (1.4)	0.0204 (1.5)	0.0281* (1.87)	0.0001 (0.01)
$equity_t$	-0.0013 (-0.11)	0.0033 (0.85)	0.0087 (1.14)	0.0074** (2.22)	0.0062** (2.01)	-0.0007 (-0.22)
$equity_{t-1}$	-0.0087* (-1.88)	-0.0045 (-1.37)	-0.0058 (-1.38)	-0.0022 (-0.56)	-0.0037 (-1.40)	-0.0053 (-1.53)
cons	-0.0188 (-0.63)	0.0009 -0.04	-0.0003 (-0.02)	-0.0226 (-0.91)	0.0057 (0.49)	-0.22* (-1.79)
year	是	是	是	是	是	是
industry	是	是	是	是	是	是
N	646	1984	867	2028	1679	755
AR (1) P	0.021	0.000	0.001	0.000	0.000	0.002
AR (2) P	0.558	0.779	0.706	0.417	0.552	0.893
Hansen test	0.502	0.33	0.653	0.274	0.128	0.357

注：①在两阶段系统 GMM 方法中，水平方程和差分方程的工具变量选取：t-3 期和 t-4 期作为研发投资的工具变量，其余变量分别采用 t-2 期作为工具变量；②小括号内的数值为变量估计系数的 z 统计值；③ * 代表在 10%的水平显著，** 代表在 5%的水平显著，*** 代表在 1%的水平显著。

在低竞争度银行市场，银行的债权融资对私营企业的研发投资产生了显著的促进作用。中国的银行对民营企业贷款存在明显的“所有制歧视”（Brandt and Li，2002），国有企业的融资约束显著低于非国有企业。Guariglia 和 Liu（2014）认为，中国企业的创新行为主要受内源融资可得性的约束，尤其私营企业最明显，其次是外资企业，国有企业和集体企业受融资约束最少。国有企业在承担市场风险方面拥有天然优势（邓可斌和曾海舰，2014），相对国有企业，私营企业的风险更高、财务信息更不透明。根据信息假说，只有拥有市场力量的银行才有动力不再向高风险的私营企业收取利息溢价，而是通过与私营企业建立长期借贷关系，在后续的各期中收取信息租金，进而跨期分享企业创新剩余。低竞争的银行市场有利于银行加大对私营企业创新投资的金融支持。

银行长期贷款对高科技企业创新投资产生了显著的促进作用。作为研究开发密集型产业，高科技产业研发投入高，研究开发人员占比大。高科技企业面临的融资约束要大于传统企业。在高科技企业创新投资中，很大部分支出用于支付科学家和工程师的薪酬，人力资本构成了企业创新投资的主要资产，而且一旦员工离职，这些无形资产也随之消失。因此，相对于非高科技企业而言，高科技企业可供抵押、担保的有形资产较少。同时，高科技产业的研发投资周期相对更长，投入更高，这使创新投资中沉没成本很高，一旦创新失败，清算成本也很高，从而增加了投资风险。因此，高科技企业在进行外部债权融资时，在市场利率的基础上，银行还需要收取风险溢价，以实现风险和收益的平衡。在竞争性低的市场，拥有市场力量的银行可以在再谈判过程中锁定套牢企业，要求分享企业创新剩余，敲“企业竹杠”。在前期，银行不再向高科技企业收取利息风险溢价，而是通过与高科技企业建立长期借贷关系，在各期平滑利息收入，在后续的各期中收取信息租金，进而跨期分享高科技企业高成长的红利。

在低竞争度的银行市场，银行的长期贷款显著地促进了私营企业和高科技企业的创新投资。相比国有企业享受政府的各种隐性优惠和担保、非高科技企业拥有较多的有形资产，私营企业和高科技企业创新的相对风险水平更高。由于市场力量提高了银行的风险阈值，因此，在垄断竞争的银行市场，银行信贷显著促进了私营企业和高科技企业的创新投资。在低竞争度银行业市场，企业规模对企业创新融资约束以及长期贷款和创新投资关系都没有产生显著影响。

四 高竞争度市场实证检验结果

表 5.5 汇报了不同所有制、不同规模、不同产业企业在高竞争度的银行市场中的研发投资实证检验结果。实证结果表明，所有类型企业的研发投资与上一期的研发投资显著正相关，其中国有企业的显著性水平最低。由此可见，国有企业、私营企业、大企业、中小企业、高科技企业、非高科技企业的研发投资都具有持续性，而国有企业研发投资的持续性明显低于其他类型企业。

从表 5.5 可以看出，在高竞争的银行市场，私营企业、中小企业存在严重的研发投资融资约束。中国上市公司存在着明显的融资约束现象，国有上市公司受到的融资约束比民营上市公司小（马宏，2007；沈红波等，2010）。中小企业普遍存在研发投资的融资约束问题；非国有股权中小企业和较小规模的中小企业受到的融资约束程度更严重（陈胜添，2014）。私营企业、中小企业的研发投资与企业当期的现金流显著正相关的实证结果进一步论证了上述研究结论。

对银行而言，国有企业、大企业和非高科技企业，相对私营企业、中小企业和高科技企业，是风险更低的投资选择。银行市场的高度竞争可以降低利率和提高信贷供给，从而缓解大企业、国有企业和非高科技企业的创新投资融资约束。但是对银行而言，私营企业、中小企业和高科技企业的创新投资风险更高，借款人的收益不确定性更强。尤其在高竞争的银行市场，由于预期不能分享未来企业创新剩余，缺乏市场力量的银行并没有动力与私营企业、中小企业、高科技企业建立长期的信贷关系，为保证每期都实现盈亏平衡，银行将在每一期都向高风险的企业收取风险溢价。竞争性银行市场将导致对私营企业、中小企业和高科技企业贷款供给的减少、贷款利息的提高，因此，这类企业仍然存在严重的研发投资融资约束问题。

表 5.5　　高竞争度银行市场的企业研发投资实证检验结果

	国有企业	私营企业	大型企业	中小型企业	高科技企业	非高科技企业
rd_{t-1}	0.487* (1.95)	0.756*** (3.75)	0.652*** (3.24)	0.714*** (4.19)	0.678*** (2.84)	1.058*** (5.5)
$Netsales_t$	0.0061 (0.05)	−0.205 (−1.35)	−0.103 (−1.47)	−0.233** (−1.98)	−0.1207 (−0.06)	−0.1107 (−1.08)
$Netsales_{t-1}$	−0.176** (−2.13)	0.11 (1.01)	0.029 (0.51)	0.018 (0.2)	−0.0402 (−0.35)	0.0336 (0.44)
cf_t	0.0441 (0.3)	0.335* (1.87)	0.127 (1.48)	0.326*** (2.61)	0.0938 (0.56)	0.187 (1.61)
cf_{t-1}	0.205** −2.24	−0.198 (−1.54)	−0.0682 (−1.05)	−0.0171 (−0.18)	−0.0802 (−0.20)	−0.0553 (−0.65)
${rd_{t-1}}^2$	−0.414 (−0.18)	−0.339 (−0.24)	0.0877 (0.04)	−2.152** (−2.29)	1.028 (0.82)	−5.639** (−2.32)
$loan_t$	−0.0198 (−0.63)	−0.0376 (−0.87)	−0.0034 (−0.13)	−0.0452 (−1.63)	0.0802 (1.45)	0.0613** (2.23)

续表

	国有企业	私营企业	大型企业	中小型企业	高科技企业	非高科技企业
$loan_{t-1}$	0.009 (0.7)	−0.0033 (−0.27)	−0.0064 (−0.56)	−0.0065 (−0.56)	−0.0092 (−0.49)	0.0158 (1.36)
$equity_t$	−0.0051 (−0.51)	−0.0052 (−1.23)	−0.0022 (−0.13)	−0.0037 (−1.06)	−0.0012 (−0.22)	0.0055 (1.09)
$equity_{t-1}$	−0.0118* (−1.77)	−0.0049 (−1.20)	−0.006 (−0.85)	−0.0092*** (−3.36)	−0.0094** (−2.51)	−0.0045 (−1.24)
cons	−0.0377 (−1.03)	0.0147 (0.97)	−0.0815 (−1.08)	0.0131 (0.6)	0.0203 (1.5)	−0.0343 (−0.74)
year	是	是	是	是	是	是
industry	是	是	是	是	是	是
N	617	1350	853	1273	990	1136
AR（1）P	0.029	0.005	0.029	0.007	0.004	0.006
AR（2）P	0.332	0.104	0.166	0.161	0.799	0.217
Hansen test	0.707	0.248	0.507	0.573	0.564	0.643

注：①在两阶段系统 GMM 方法中，水平方程和差分方程的工具变量选取：除非高科技企业模型回归时，用 $t-3$ 期作为研发投资的工具变量外，其余样本模型回归时均采用 $t-3$ 期和 $t-4$ 期作为研发投资的工具变量，其余变量分别采用的是 $t-2$ 期作为工具变量；②小括号内的数值为变量估计系数的 z 统计值；③ * 代表在 10%的水平显著，** 代表在 5%的水平显著，*** 代表在 1%的水平显著。

根据表 5.5，在高竞争度银行市场，银行的长期贷款对国有企业、私营企业、大企业、中小企业、高科技企业的研发投资没有产生显著的影响。根据信息假说，竞争使银行难以将支持高风险、信息不透明企业的收益内生化，最终将导致企业融资约束的提高。创新投资项目的高风险、高投入、长周期，导致借款人的收益具有高度不确定性；而在竞争性的银行市场，由于无法确保在后续各期收取信息租金，银行没有动力与企业建立长期借贷关系，通过长期贷款向企业创新投资项目提供融资服务。除了非高科技企业外，银行的长期贷款对其他所有类型企业的研发投资没有产生显著的影响。因此，实证结果进一步论证了银行业竞争不利于企业融资约束缓解的信息假说。

从表 5.5 中可以看出，银行长期贷款对国有企业、私营企业、大型企业和中小企业研发投资的影响系数符号均为负数，其中中小企业长期贷款系数的 p 值为 0.103，非常接近 10%的显著性水平。可见，银行长期贷款对中小企业研发投资有一定的抑制作用。根据市场力量假说，银行竞争的加剧将导致信贷供给的增加和利率的下降。根据第三章理论分析，在竞争性银行市场，企业拥有信息优势会诱致企业的道德风险。债务融资会导致企业事后行为的变化，即道德风险，企业可能用低风险项目替代高风险项目。本书研究样本期间为2007—2014年，由于受全球金融危机影响，各国纷纷采取刺激性财政、货币政策来应对危机，中国也推出了“四万亿”刺激计划。量化宽松的货币政策是2007—2014年世界各国货币政策的主基调，相对大企业和国有企业，激烈的银行竞争对缓解中小企业和私营企业融资约束的作用更显著，中小企业信贷供给增加、利率下降。虽然长期贷款增加，但是企业投资却未流向实体经济，更多地流向资本市场，从而对研发投资产生“挤出效应”。

根据表5.5，在高度竞争的银行市场，长期贷款与非高科技企业研发投资呈显著正相关关系。实证结果表明当期长期贷款对非高科技企业的研发投资产生显著的促进作用。银行业竞争促进了非高科技上市企业的研发投资，这符合市场假说。银行可以同时使用利率和抵押品作为甄别机制时，因为不同风险的借款人利率和抵押品的边际替代率不同，一定程度上可以消除信贷配给（Bester，1985）。企业研发投资的信息不对称问题非常严重，为了缓解信息不对称问题，银行通常需要企业提供抵押或担保。相比研发密集型的高科技企业，非高科技企业研发投资信息不对称问题明显较轻，银行的信息租金相对较小。而且非高科技企业的资产配置以有形资产为主，即非高科技企业拥有更多的抵押、担保品，更容易达到银行贷款的硬性指标。因此，相对高科技企业，非高科技企业的信息不对称问题较轻、信贷风险更低。同时根据第三章理论模型研究结论，非高科技企业的抵押品越多就意味着银行的外部选择价值就越大，可见，银行为非高科技企业创新提供融资的预期收益更高。总之，在竞争性银行市场，相比高科技企业，选择风险更低的非高科技企业是银行的理性选择。在高度竞争市场，银行更容易将支持低风险、信息较透明企业的收益内生化。银行有更强的动机与非高科技企业建立长期信贷关系，为非高科技企业提供更多信贷并降低利率水平，最终促进非高科企业研发投资。

由于严重的信息不对称问题和激励问题，创新项目通常存在严重的融资约束（Hall and Lerner，2010）。Bhattacharya和Ritter（1983）认为信息披露是缓解信息不对称问题的一个有效方法，但是创新者可能会不愿意披露信息，因为担心泄露信息给竞争对手。为了缓解信息不对称问题，银行通常需要借方提供担保或抵押。但是，这样的要求对高科技企业而言挑战很大，因为平均来看，超过50%的研发支出主要用于工资、薪水（Hall and Lerner，2010）。Bester（1987）指出，只有当企业由于自身资产所限无法提供足额抵押品、担保品时，银行的信贷配给才会发生。在银行业高度竞争的市场，高科技企业的长期贷款与企业研发投资并没有显著关系，表明高科技企业存在信贷配给问题。因为高科技企业的抵押品少就意味着银行的外部选择价值就越小，因此，银行为高科技企业创新提供融资的预期收益更低。在高度竞争的信贷市场，银行更倾向于选择为非高科技企业提供信贷支持，而没有动力向高风险、抵押品不足的高科技企业提供长期贷款。

风险调整收益是银行信贷决策的核心影响因素。银行对高科技企业和非高科企业的研发投资融资的风险存在显著差异。在高度竞争的银行业市场，银行不能平滑各期利息收入，必然要求每期都实现盈亏平衡，因此风险溢价较小的项目是银行的理性选择。由于信贷风险水平较低，非高科技企业贷款的风险溢价比较小，非高科技企业的研发投资是高度竞争市场中所有银行符合成本收益分析的理性选择。而在垄断竞争的银行业市场，银行可以凭借自身的垄断市场力量平滑各期利息收入，因此向风险较高的高科技创新项目提供融资也可以实现较高的风险调整收益。由于上市企业都达到了规模以上企业的标准，所以企业规模对长期贷款和企业研发投资之间关系并没有产生显著影响。而企业产权对企业研发投资风险也没有显著影响。银行业竞争有利于促进低风险的非高科技企业研发投资，市场假说适用于风险较低的企业研发投资。

五　稳健性检验

为了检验实证结果的稳健性，将银行业竞争度 H（银行市场力量 M 的倒数）和企业长期贷款 loan 的交互项 Hloan 放入模型。表 5.6 分别报告了高科技和非高科技企业、国有企业和私营企业、大型企业和中小企业的实证检验结果。从表 5.6 中可以看出，高科技企业的长期贷款对企业研发投资存在显著正影响，银行竞争度 H 对企业研发投资的影响显著为负，表明银行业竞争对高科技企业研发投资存在负向影响。同时交互项 Hloan 的系数也为负数，p 值为 0.112，比较接近 10%的显著性水平，长期贷款对高科技企业创新的总体影响为 0. 293−0. 479H。H=0. 611 为临界点，当 H>0. 6111 时，长期贷款增加会导致高科技企业研发投资减少，当 H<0. 6111 时，长期贷款增加会导致高科技企业研发投资增加。这进一步论证了银行业竞争度 H 的提高对高科技企业研发投资产生不利影响的实证结论。银行拥有垄断市场力量有利于促进高科技企业研发投资的研究结论被证明是稳健的。

非高科技企业的长期贷款对企业研发投资的影响显著为负，同时交互项 Hloan 的系数则显著为正，长期贷款对企业研发的总体影响为−0. 12+0. 139H。H=0. 863 为临界点，当 H>0. 863 时，长期贷款的增加会导致非高科技企业研发投资增加，而当 H<0. 863 时，长期贷款增加会导致非高科技企业研发投资减少。这进一步论证了银行业竞争度 H 的提高会促进非高科技企业的研发投资的实证结论。对非高科技企业而言，银行业竞争有利于促进企业研发投资，这个结论与前面通过 H 值进行分样本的回归结果一致。

表 5.6　银行业市场结构和企业创新的稳健性检验结果

	高科技企业	非高科技企业	国有企业	私营企业	大型企业	中小型企业
rd_{t-1}	0. 579*** (2. 93)	0. 685*** (5)	0. 937*** (5. 03)	0. 677*** (5. 31)	0. 875*** (3. 79)	0. 675*** (5. 08)
$Netsales_t$	−0. 280** (−2. 23)	0. 0217 (0. 33)	0. 0684 (0. 59)	−0. 0468 (−0. 78)	−0. 064 (−0. 89)	0. 0762 (1. 26)
$Netsales_{t-1}$	0. 0773 (0. 99)	−0. 0127 (−0. 47)	−0. 112* (−1. 69)	−0. 0161 (−0. 64)	−0. 0068 (−0. 24)	−0. 0378 (−1. 20)
cf_t	0. 401*** (3. 14)	0. 091 (1. 26)	−0. 0073 (−0. 06)	0. 178*** (2. 66)	0. 097 (1. 29)	0. 0508 (0. 77)
Cf_{t-1}	−0. 137* (−1. 70)	−0. 0437* (−1. 78)	0. 0968 (1. 52)	−0. 0520** (−2. 05)	−0. 0163 (−0. 84)	−0. 0339 (−0. 99)
Rd_{t-1}^2	0. 105 (0. 11)	−0. 992 (−0. 80)	−3. 126 (−1. 55)	−0. 977 (−1. 55)	−1. 345 (−0. 49)	−0. 499 (−0. 92)
H_t	−0. 0079** (−2. 20)	0. 0001 (0. 03)	0. 0018 (0. 35)	−0. 0027 (−1. 11)	−0. 0037 (−1. 10)	−0. 0028 (−1. 06)
H_{t-1}	0. 0021 (0. 54)	−0. 0004 (−0. 41)	0. 0024 (1. 16)	−0. 0013 (−1. 32)	−0. 0005 (−0. 33)	0. 0003 (0. 24)
$Hloan_t$	−0. 479 (−1. 59)	0. 139* (1. 82)	0. 027 (0. 23)	0. 0056 (0. 06)	0. 145 (1. 3)	−0. 0653 (−0. 51)
$Hloan_{t-1}$	0. 235 (1. 19)	0. 0146 (0. 68)	0. 0405 (1. 07)	0. 0313 (1. 4)	0. 0041 (0. 19)	0. 0365 (1. 47)

续表

	高科技企业	非高科技企业	国有企业	私营企业	大型企业	中小型企业
$loan_t$	0.293* (1.72)	-0.120** (-2.04)	-0.0049 (-0.07)	0.0216 (0.27)	-0.073 (-1.12)	0.0541 (0.52)
$Loan_{t-1}$	-0.0619 (-0.52)	-0.0094 (-0.75)	-0.0262 (-1.28)	-0.0136 (-1.08)	-0.0092 (-0.70)	-0.0176 (-1.27)
$equity_t$	-0.0004 (-0.13)	-0.0002 (-0.14)	0.0007 (0.09)	0.00036 (0.24)	-0.0011 (-0.11)	0.0004 (0.24)
$Equity_{t-1}$	-0.0068** (-2.02)	-0.0051** (-2.41)	-0.0125*** (-3.02)	-0.0043** (-2.49)	-0.0086** (-2.71)	-0.0061** (-3.10)
_cons	0.0089 (1.5)	-0.0518 (-0.74)	-0.244** (-1.97)	-0.0097 (-0.58)	0.0565 (0.94)	-0.0079 (-0.44)
Year	是	是	是	是	是	是
Industry	是	是	是	是	是	是
N	4253	3759	2038	5281	2849	5163
AR（1）P	0.000	0.000	0.000	0.000	0.000	0.000
AR（2）P	0.064	0.031	0.198	0.042	0.384	0.014
Hansen test	0.134	0.421	0.572	0.126	0.562	0.111

注：在两阶段系统 GMM 方法中，水平方程和差分方程的工具变量选取：高科技企业模型中采用 $t-3$ 期作所有变量的工具变量；私营和中小企业模型用 $t-3$ 期作为研发投资工具变量，其余变量分别用 $t-2$ 期作工具变量；其余模型均采用 $t-3$ 期和 $t-4$ 期作研发投资工具变量，其余变量分别采用 $t-2$ 期作工具变量。

第四节　小结

银行业市场结构对企业信贷的影响有市场力量假说和信息假说。企业创新的信息不对称问题、高不确定性回报、缺乏担保，导致外源负债融资很难成为企业研发投入的融资来源。市场力量假说在完全信息的基本假设前提下，围绕银行和企业之间的信息不对称问题展开研究。根据市场力量假说，银行市场竞争可以降低利率，并激励发展关系型贷款，因此缓解所有企业的融资约束，有利于促进企业投资。然而根据信息假说，在不完全契约框架下，拥有垄断市场力量的银行可以通过再谈判对初始契约进行修订，对企业“敲竹杠”，从而平滑各期利息收入进行风险收益调整，跨期分享企业创新剩余。因此，在垄断竞争银行市场，银行可以成为企业创新投资的重要融资来源。

中国上市公司的实证分析表明，在低竞争度的银行市场，对企业研发投资而言，债权融资顺序偏好优于股权融资。同时在低竞争度的银行市场，由于市场力量显著地提高了银行的风险阈值，银行的长期贷款显著地促进了高科技企业的研发投资。银行业竞争对高科技企业研发投资的影响基本符合基于不完全契约理论的信息假说，即银行业竞争不利于促进高科技上市企业研发投资，进而验证了第三章银行市场力量上升促进企业创新的理论研究结论。而在高度竞争的银行业市场，银行业竞争促进了非高科技上市企业研发投资，可见，市场假说只对风险较低的非高科技上市企业研发投资适用。风险调整收益是影响银行业市场结构和企业研发投资关系的主要影响因素。

第六章

银行业产权结构对企业创新影响的实证分析

从产权角度来看，中国银行业的前四大商业银行都是国有产权银行。在历经了多轮产权结构改革以后，虽然四大行已经建立了现代商业银行的经营管理体制，但是其国有产权属性使四大行必然要承担一定的政治目的任务和社会发展任务。国有银行的最终效率取决于内部效率和分配效率之间的权衡，同样，国有银行的信贷决策也需要在银行内部效率和分配效率之间进行权衡。国有银行的特殊产权属性将对企业创新产生有别于市场结构的差异化影响。本章采用与第五章同样的实证方法，检验银行业产权结构对企业创新投资的影响。

第一节　中国银行业产权改革

中国的国有商业银行产权改革经历了专业银行、国有独资商业银行、股份制改革等多个历史阶段，目前已经处于大型股份制商业银行发展阶段。尤其是作为中国国有银行代表的四大银行脱胎于专业银行，目前已经遵照现代商业银行的标准建立了经营管理机制，成为中国的大型股份制商业银行。

一　专业银行定位的发展阶段

1978 年 1 月，中国人民银行从财政部独立。1979 年 3 月，中国农业银行重新恢复成立；中国银行从中国人民银行中分离出来，成为外汇专业银行。同年 8 月，中国建设银行从财政部分设。1984 年 1 月起，中国人民银行成为从事金融管理、制定和实施货币政策的专门政府机构，中央银行制度框架初步确立。1984 年 1 月，新成立中国工商银行，成为承担工商信贷和储蓄业务的专业银行。自此，中央银行与国家专业银行分离，人民银行开始专门行使中央银行职能。四大银行成为国家专业银行，分别在工商企业、农村经济、外汇和基本建设领域进行严格的业务划分。1987年，为打破专业银行垄断的市场格局，促进银行业竞争，交通银行等一批股份制商业银行应运而生，逐步打破四大专业银行的业务樊篱。

二　国有独资商业银行的阶段

1993年12月，明确中国人民银行制定并实施货币政策和实施金融监管的两大职能，同时提出“把国家专业银行办成真正的国有商业银行”。专业银行的发展正式定位于商业银行，专业银行启动企业化改革步伐。1994年，国家开发银行、中国农业发展银行和中国进出口银行先后成立，这三家政策性银行接手四大专业银行的政策性业务，从而实现了政策性金融与商业性金融的分离。三大政策性银行成立，标志着政策性银行体系基本框架建立。1995年，颁布《中华人民共和国中国人民银行法》和《中华人民共和国商业银行法》，第一次以法律形式确定了中国人民银行是中华人民共和国的中央银行，四大银行被定位为国有独资商业银行。1995年，中国开始金融体系法制化，标志着金融监管开始向法制化、规范化迈进。亚洲金融危机使四大国有商业银行资本金严重不足，不良贷款比例过高的问题更加凸显。为防范和化解金融风险，清理整顿和加快国有银行商业化改革成为首要任务。

三　四大银行股份制改革阶段

2001年中国正式加入世界贸易组织后，金融业改革步伐明显加快。2002年提出把国有独资商业银行改造成治理结构完善、运行机制健全、经营目标明确、财务状况良好、具有较强国际竞争力的现代金融企业。2003年，中国银行业监督管理委员会成立。中央银行实现了货币政策与银行监管职能的分离。银监会、证监会和保监会全方位地覆盖银行、证券、保险三大市场，形成了分工明确、互相协调的金融分业监管体制①。同年12月，中央汇金公司成立，代表国家依法行使对国有商业银行等重点金融企业出资人的权利和义务；并由此建立起新的国有银行的运行机

① 《讴歌光荣历程，再创辉煌未来》，《金融时报》2008年12月29日。

制，明确国有银行产权，完善公司治理结构，督促银行落实各项改革措施。

2004年国有独资商业银行股份制改革正式进入实施阶段。按照国务院确定的“财务重组—股份制改造—引进战略投资者—公开发行上市”思路，国有商业银行改革相继取得突破。2005年中国建设银行在香港上市；2006年中国银行和中国工商银行都在香港和上海上市；2007年中国建设银行在上海上市。2010年，中国农业银行完成A股和H股发行上市工作，这标志着国有独资商业银行股份制改革的收官。国有商业银行股改上市，是银行改革史上的最大突破。股改后的国有商业银行一跃成为具有广泛国际认知度的大型商业银行。

四　大型股份制商业银行阶段

中国工商银行、中国银行和中国建设银行在股份制改革过程中，积极引进战略投资者，尤其是外资战略投资者，如中国工商银行引入高盛做海外战略投资者、建设银行引入美国银行、中国银行引入瑞银和苏格兰皇家银行等。引进战略投资者，旨在除增加资本外，通过引进公司治理完善、管理经验丰富、经营业绩良好的国际一流金融集团，加快完善公司治理结构，更好地推动中国银行业的改革，提升中国银行业的国际竞争力。尽管，目前大多数外资战略投资者基本已经退出，但是，Berger等（2006）表明四大银行少数外资战略投资者的引进提升了银行的绩效。

目前，四大商业银行已经基本建立现代商业银行的经营管理机制，战略投资者在董事会和银行的管理中产生重要作用，董事会成员可以督促高级管理人员更加关注股东的利益，提升企业文化和银行的管理，公司治理和风险管理水平因此得到显著提升。四大商业银行的产权结构仍然具有强烈的国有产权特征。根据Barth等（2006）的方法，利用国有产权占50%以上的银行的资产占地区银行业总资产的比重来衡量银行业的产权结构。2016年，中央汇金公司直接控股参股中国工商银行、中国银行、中国建设银行、中国农业银行和光大银行五家商业银行。而根据Bankscope数据库，满足国有股权占50%以上的银行只有中国工商银行、中国银行、中国建设银行、中国农业银行四家大型商业银行。

第二节 模型设计和研究假说

一 银行业国有产权理论

银行的政府所有权通过宏观层面影响生产率增长主要有两派观点：社会论和政治论（La Porta et al.，2002）。社会论认为国有银行比民营银行更擅长促进经济增长，因为国有银行融资的项目可能产生正外部性，尤其在战略性经济部门。政治论观点认为政府控制银行的主要动机是提供就业、补贴和其他好处给支持者，支持者以选票、政治献金和行贿作为回报。银行的政府所有可以允许政府对融资项目的选择拥有广泛的控制权，但是政府融资的项目很有可能无效或者对生产率增长有负影响。

社会论观点（Atkinson and Stiglitz，1980）基于制度的经济理论，认为当国有企业的社会效益超过成本时，国有企业的创立是为了弥补市场失灵。国有企业和私营企业区别在于：私营企业以利润最大化为第一目标，国有企业则有更宽泛的社会目标。公立金融机构的存在是为了纠正金融市场和信贷市场的市场失灵（Stiglitz and Weiss，1981；Greenwald and Stiglitz，1986）。在私有银行不考虑社会效益的基础上，创建国有银行或设立直接信贷项目通常是合理的。私有银行不会为社会效应高的项目、特定产业的企业提供融资（Stiglitz，1993）。该观点关注国有银行的正面效应，认为政府所有的银行有利于经济增长、提高总的福利水平（Stiglitz，1993；Burgess and Pande，2003；Ostergaard et al.，2009；Andrianova et al.，2010）。Micco 和 Panizza（2006）通过对比国有银行和私有银行在经济周期中相对的贷款行为，发现国有银行的贷款对宏观冲击更不敏感，该发现强化了国有银行将宏观经济稳定视为其目标函数的观点。

有关政府所有权的政治论观点（Shleifer and Vishny，1994）指出国有企业是政治家实现个人目标的机制，如实现就业最大化、为偏好的企业提供融资。政治观点认为国有企业的存在是因为政治家通过精巧的政策将资源转移给他们的支持者（Shleifer，1998）。政治观点关注银行政府所有权的负面效应，如服务于政治选举（Sapienza，2004；Khwaja and Mia，2005；Dinç，2005）、支持经营业绩差的企业（Park and Sehrt，2001；Cull and Xu，2003）、由于代理问题导致低效的信贷资源配置，业绩低下、欺诈和腐败（La Porta et al.，2002；Illueca et al.，2011；Bailey et al.，2012）。政治目标可能改变国有银行的功能，由于政府通过国有银行向带有政治目标的低效项目提供融资（为赢得选票）或者通过贿赂滥用权力（Shleifer and Vishny，1986）。Bonin 等（2004）认为国有银行低效并且是银行产业的负担。Denis 和 Denis（1993）、Lang 等（1996）、Ahn 等（2006）指出国有银行主要为政治家的政治目的和个人目的服务，如为选举而援助绩效低的企业。银行官员如果遵从政治家，则可以得到续任和升职。在这种情况下，企业投资决策中，银行的监督和控制作用就会打折。

Sapienza（2004）认为，除了社会论和政治论以外，还存在代理论的观点。代理论与社会论的部分观点重合，认为政府寻求社会效益最大化。创建国有企业旨在实现社会福利最大化，但是会造成腐败和资源错配问题（Banerjee，1997；Hart et al.，1997）。政府官僚的代理成本会导致国有企业的管理激励无效。根据该观点，国有企业的最终效率取决于内部效率和分配效率的权衡（Tirole，1994）。国有银行为社会效益项目提供融资，但是，相比私有企业的经理人，国有企业的经理人可能会投入更少精力或者转移更多的资源。代理论认为国有银行服务于社会目标，而且向私营市场失灵的领域配置资源。但是，国有银行的公立经理人可能会投入更少的精力或者为私人利益而转移资源，如出于职业考虑，将目光放在私营部门的未来工作前景上。

中国国有商业银行在产权改革过程中，不断优化产权结构，但是其国有化程度仍然明显高于其他银行。国有商业银行目前仍然承担很大程度的政治目的任务和社会发展任务。而随着现代商业银行经营管理机制的建立，国有银行作为企业提升绩效、实现自身收益最大化在目标函数的比重不断上升，而国有银行的信贷决策也必然需要在银行内部效率和分配效率之间进行权衡。

二 实证研究假说的提出

政府对企业创新的干预主要包括直接干预项目的选择和干预国有银行的贷款决策。针对政府干预企业创新问题，有截然相反的两派观点。支持政府干预企业创新的一派认为：①政府能跨越性开展企业创新的良性循环，尤其在产业发展培育初期；②政府干预能够帮助企业将技术外溢相关正外部性内生化并达到社会有效的创新水平；③政府干预，比如国有银行贷款能为创新企业缓解信息不对称问题提供担保效应。而反对政府干预企业创新的一派则认为：①政府不能胜任促进创新的活动；②贷款担保项目使贷款接受人存在道德风险；②企业创新的政府干预可能遭受规制俘虏问题。如政府投资可能会以更宽泛的社会成本为代价为特殊利益集团提供便利。企业将更多地从事"寻租"行为而不是创新行为。

在中国，股权性质不同企业面临的融资约束差异较大（Chow and Fung，1998）。申慧慧等（2012）认为不管是股权再融资，还是债券再融资，国有企业都比非国有企业更容易获取。政府对国有企业的金融支持，从财政补贴到银行贷款再到股市融资（林毅夫和李志赟，2004），业绩下降或者亏损的国有企业更有可能得到政府补贴（Lin and Tan，1999；Dong and Putterman，2003）。国有企业上市后获得再融资的概率比非国有企业更高（祝继高和陆正飞，2011）。Poncet 等（2010）认为中国的私营企业存在信贷约束，而国有企业和外资企业不存在信贷约束。私营企业在信贷市场遭受歧视，尤其被国有银行歧视。相反，国有企业可以容易地通过他们的政治关联获得银行贷款，虽然信贷资源配置通常低效（Bailey et al.，2011）。Brandt 和 Li（2003）指出中国国有银行基于非利润因素，对私营企业在贷款决策时存在歧视。私营企业只能寻求更加高成本的贸易信贷（商业信用）。Ge 和 Qiu（2007）发现，由于银行歧视，私营企业不得不更多地选择贸易信贷（商业信用）。

众多研究表明，政府和企业建立的政治关联会使企业更容易获得信贷资源（Claessens et al.，2008；Khwaja and Mian，2005）。政治关联企业有更高的财务杠杆率，更多地在管制行业经营，且有更高比例的国有股权（Boubakri et al.，2008）。国有企业能享受信贷资金优先权，银行为国有企业提供更多的银行贷款（Li et al.，2009），限制条款更少（Firth et al.，2008），贷款利率更低（Brandt and Li，2003）。梁琪和余峰燕（2014）指出，一国或地区的商业银行国有化程度较高时，在整个信贷市场萎缩的情况下，有限的信贷供给在不同产权性质的企业之间不均匀分配。国有企业在危机期间资本投资下降的幅度比其他企业更小。何贤杰等（2008）指出，国有银行的政治性贷款使其信贷行为出现了一定程度的异化，银行对国有企业和非国有企业的信贷标准存在差异，银行对债务人的贷款标准不能根据风险作出相应的调整。潜在的政治成本使国有银行为了控制信贷风险，对非国有企业实施过于严格的信贷标准。综上所述，提出假说 1。

假说1：国有银行的信贷供给存在所有制偏好，即国有银行倾向于向国有企业提供研发投资融资服务。

何贤杰等（2008）指出，国有银行的经营理念正在向现代商业银行靠近。对于没有政府干预或干预较少的贷款，银行能够根据债务人的风险相应地调整信贷要求。对新兴市场国家而言，国有银行的安全性对国内金融系统稳定尤其重要，因此，政府对国有银行的经营业务范围和不良资产的管理有更高的规避风险的要求。梁琪和余峰燕（2014）指出国有股权会使商业银行内部偏好谨慎、稳健的商业模式。由于不以利润最大化为唯一目标，国有银行会选择相对保守的信贷策略如把贷款投向风险较低、资金收益相对较低的项目。Saunders 等（1990）发现股东控制的银行比管理者控制的银行更可能冒险。与其他国有企业一样，国有银行得不到产权人的有效监督。商业化改革后，国有银行仍然存在内部人控制现象（张妍，2011）。管理者控制的国有商业银行比股东控制的股份制商业银行经营更加谨慎。国有商业银行的经营管理和贷款遵循审慎经营规则。

银行贷款是谨慎行为指标之一。Haber（2005）发现，1997—2003年，由于产权保护制度的改革不利，墨西哥国有银行改制的结果是银行不愿意发放任何贷款。贾春新（2007）实证结论表明：中国国有银行由于管理与经营机制的改革正变得越来越谨慎。Huang 和 Song（2002）、Li 等（2009）、Bhabra 等（2008）指出，只有大企业和拥有固定资产的企业才能在中国获得长期贷款。中国的国有银行在发放长期贷款时，要比短期贷款更加谨慎。当银行提供长期贷款时，将实施更加严格的贷款条件和监管标准或只是受政府指令，而不考虑企业的绩效。Sapienza（2004）研究发现，对同样或相似的企业，国有银行比私有银行收取更低的贷款利率，即使该企业能从私有银行借款更多。国有银行更偏好经济低迷地区的企业和大企业。

综上所述，国有银行已经建立现代化商业银行的经营管理模式，遵循经济效益最大化和风险最小化的原则，贷款决策侧重企业研发投资的风险识别和控制。提出假说2。

假说2：国有商业银行的研发投资贷款决策遵循谨慎经营规则，国有银行为低风险的企业研发投资提供融资服务的动机更强。

三　模型设计和实证方法

本章遵照上一章银行业市场结构对企业创新影响的做法，根据投资的欧拉方程，在修正 Brown 等（2009）模型的基础上，利用系统 GMM 方法分析银行业产权结构对企业研发投资的影响。本章数据选取遵照第五章做法。企业研发数据、净销售收入、长期贷款和股权融资各项数据均来源于 Wind 上市公司数据库。样本企业数据包括 A 股非金融企业 2798 家、中小企业板 788 家上市企业和创业板 508 家上市企业数据。地区银行产权结构数据来自第四章地区银行业产权结构的测算结果。同时为了与第五章银行业市场结构对企业创新影响的实证研究匹配比较，剔除辽宁、四川、广西、河南，以及西藏、宁夏和青海 7 个省区的数据，保留其余 24 个省区市的样本观测值。样本时间为 2007—2014 年，对原始数据处理方法等同第五章。企业所有制、企业规模以及企业的科技属性划分标准遵循第五章。

第三节　实证检验与结果分析

本章将利用分层法实证检验银行业产业结构对不同类型企业研发投资的影响。根据企业特征，按照从一般（总体）到特殊（细分）逐级分层的原则对银行业产权结构对不同特质企业创新的影响进行分层分析。

为考察银行业国有化程度不同地区的企业研发投资及研发投资渠道状况，根据第三章理论研究和第四章银行业产权结构测算结构，以地区银行业产权结构（四大国有商业银行的市场集中度）的均值为标准将 24 个地区划分为银行国有化程度高市场和银行国有化程度低市场，高于均值的地区归为银行国有化程度高市场，低于均值的地区归为银行国有化程度低市场。主要考察银行业产权结构对企业创新投资的影响。

一　产权结构对一般性企业研发投资影响

为考察银行业产权结构对企业研发投资的影响，先对总体企业的创新进行实证分析，然后按照企业的所有制、规模、所在产业差异性进行分层实证分析。

为考察银行业产权结构对总体企业创新投入的影响，对全样本企业、银行业国有化程度高地区、国有化程度低地区企业的研发投资进行实证分析，实证结果见表 6.1。从表 6.1 中可以看出，在全样本市场、银行业国有化程度高的市场和低国有产权市场，企业的研发投资实证检验结果基本一致：企业研发投资都有持续性；企业的长期贷款与研发投资都没有显著的相关关系；企业的股权融资与研发投资呈现显著的负相关关系。在银行业国有化程度高的市场和国有化程度低市场，企业的当期现金流与企业的研发投资呈现显著的正相关关系，表明企业研发投资存在融资约束。实证结果表明，针对企业的一般性特征而言，银行业的产权结构对企业的研发投资没有显著影响。

表 6.1　　银行业产权结构对一般性企业的研发投资影响

	全样本	银行国有化程度高地区企业	银行国有化程度低地区企业
rd_{t-1}	0.756*** (5.34)	0.537*** (4.24)	0.759*** (3.48)
$netsales_t$	0.067 (0.63)	-0.160 (-1.57)	-0.240** (-1.96)
$netsales_{t-1}$	-0.0068 (-0.08)	0.0096 (0.19)	0.0866 (1.38)
cf_t	-0.0325 (-0.29)	0.291** (2.39)	0.356*** (2.72)
Cf_{t-1}	-0.0082 (-0.10)	-0.0727 (-1.26)	-0.1917 (-1.48)
$rd_{t-1}{}^2$	-0.5 (-0.44)	0.309 (0.51)	-1.019 (-1.24)
$loan_t$	-0.0221 (-0.70)	0.0067 (0.18)	-0.0463 (-0.82)
$Loan_{t-1}$	0.0135 (0.44)	-0.00134 (-0.16)	-0.0239 (-1.50)
$equity_t$	-0.0014 (-0.59)	-0.0007 (-0.29)	-0.0022 (-0.67)
$Equity_{t-1}$	-0.0141*** (-4.10)	-0.0042* (-1.73)	-0.0092** (-2.39)
cons	0.0221 (0.8)	0.00286 (0.08)	-0.0015 (-0.08)
year	是	是	是
industry	是	是	是
N	8790	3249	2627
AR（1）P	0.000	0.000	0.000
AR（2）P	0.053	0.382	0.245
Hansen test	0.472	0.139	0.607

注：①在两阶段系统 GMM 方法中，水平方程和差分方程的工具变量选取：全样本模型采用 $t-4$ 期作为研发投资的工具变量，其余变量分别采用的是 $t-3$ 期作为工具变量；其他两个模型采用 $t-3$ 期和 $t-4$ 期作为研发投资的工具变量，其余变量分别采用的是 $t-2$ 期作为工具变量；②小括号内的数值为变量估计系数的 z 统计值；③ * 代表在 10%的水平显著，** 代表在 5%的水平显著，*** 代表在 1%的水平显著。

银行业的国有产权对一般性特征的企业研发投资没有影响，不代表银行业的国有产权对特殊性的企业研发投资没有影响。为剖析国有产权对特定属性的企业研发投资的影响，将企业按照产业、规模和所有权的差异进行分类，分为高科技企业、非高科技企业、大型企业、中小企业、国有企业和私营企业。基于企业的特殊性，实证检验银行的国有产权对不同类型企业研发投资的影响。

二 产权结构对异质性企业研发投资影响

为实证检验银行的国有产权对不同类型企业研发投资的影响，本章首先根据银行业国有化程度进行分层，如表 6. 2 和表 6. 3 所示，将企业按所在地区的银行业国有化程度分为两类：银行业国有化程度高地区的企业和银行业国有化程度低地区的企业。在此分层基础上，又对不同类型企业的研发投资进行分样本回归，实现了样本回归的两级分层。

1. 银行业国有化程度高地区的企业研发投资

银行业国有化程度高地区的不同类型企业的研发投资实证检验结果见表 6. 2。在银行国有化程度高的市场，国有企业、非高科技企业和大型企业研发投资都具有延续性。高科技企业的当期现金流与企业的研发投资呈现显著的正相关关系，表明上述企业的研发投资存在融资约束问题。从表 6. 2 可以看出，在银行业国有化程度高的地区，国有企业的长期贷款与企业的研发投资呈现显著的正相关关系。基于企业的特殊性，在银行业国有化程度高的地区，国有银行对国有企业研发投资有显著的正向影响。

从表 6. 2 可以看出，在银行业国有化程度高的地区，国有企业的长期贷款与企业的研发投资呈现显著的正相关关系。在银行业国有化程度高的市场，银行长期贷款对国有企业的研发投资具有促进作用。这个实证结果验证了第三章的理论研究结论：即银行市场力量（国有化程度）M 的增强，政府提供的隐性担保 γ 越大，国有银行和国有企业双边锁定程度更深，国有银行有更强的动力来提升信贷技术、资产评估和清算技术，以便在后期索取企业创新的信息租金，分享企业创新边际收益的一部分。银行业国有化程度高，意味着 M 值高，同时政府为国有企业贷款提供隐性担保 γ，由此，国有银行支持国有企业创新的预期收益更高。在银行业国有化程度高地区选择国有企业是国有银行的理性选择，假说 1 得证。

表 6.2　　银行业国有化程度高地区的企业研发投资实证检验结果

	国有企业	私营企业	高科技企业	非高科技企业	大型企业	中小型企业
rd_{t-1}	1.285*** (5.08)	0.335 (1.2)	0.293 (1.24)	1.116*** (3.27)	1.128*** (4)	0.123 (0.44)
$Netsales_t$	−0.0212 (−0.14)	0.0182 (0.2)	−0.183* (−1.82)	0.128 (1.27)	−0.0223 (−0.28)	0.182 (1.39)
$Netsales_{t-1}$	−0.128* (−1.84)	0.0512 −0.72	0.0154 −0.49	−0.0372 (−0.64)	−0.0024 (−0.07)	−0.178 (−1.28)
cf_t	0.055 (0.34)	0.0189 (0.16)	0.321*** (3.18)	−0.122 (−1.01)	0.0267 (0.29)	−0.0679 (−0.51)
Cf_{t-1}	0.117* (1.72)	−0.0313 (−0.38)	−0.0484** (−2.23)	0.0299 −0.52	−0.0024 (−0.07)	0.11 −0.77
${Rd_{t-1}}^2$	−7.434*** (−2.65)	0.317 (0.13)	1.142 (1.13)	−8.012** (−2.11)	−5.299 (−1.23)	2.593* (1.83)
$loan_t$	0.0597** (2.32)	−0.0053 (−0.11)	−0.0341 (−0.78)	−0.0128 (−0.48)	0.0149 (0.57)	0.0379 (0.91)
$Loan_{t-1}$	0.0001 (0.01)	0.0118 (0.19)	−0.0039 (−0.47)	−0.0113 (−0.39)	0.0008 (0.1)	0.0254 (0.55)
$equity_t$	0.0243** (2.28)	0.0023 (0.36)	0.0018 (0.84)	0.0087 (1.37)	0.0171 (1.41)	0.0047 (1.04)
$Equity_{t-1}$	−0.0091* (−1.91)	−0.0071* (−1.65)	−0.003 (−1.29)	−0.0099*** (−2.75)	−0.0073* (−1.83)	−0.0003 (−0.06)
cons	−0.0168 (−0.79)	0.0327 (1.56)	−0.0045 (−0.82)	0.133 (0.52)	−0.0662 (−1.40)	−0.0154 (−0.52)
Year	是	是	是	是	是	是
Industry	是	是	是	是	是	是
N	1222	2312	1921	1943	1477	2387
AR（1）P	0.000	0.003	0.002	0.000	0.000	0.000
AR（2）P	0.305	0.137	0.173	0.175	0.261	0.187
Hansen	0.642	0.118	0.24	0.7	0.404	0.918

注：①在两阶段系统 GMM 方法中，水平方程和差分方程的工具变量选取：私营企业模型采用 $t-3$ 期作为各变量的工具变量，非高科企业和中小企业均采用 $t-4$ 期作研发投资的工具变量，其他变量用 $t-3$ 期作工具变量，其他类型企业采用 $t-3$ 期和 $t-4$ 期作为研发投资的工具变量，其余变量分别采用 $t-2$ 期作为工具变量；②小括号内的数值为变量估计系数的 z 统计值；③ * 代表在 10%的水平显著，** 代表在 5%的水平显著，*** 代表在 1%的水平显著。

2. 银行业国有化程度低地区的企业研发投资

银行业国有化程度低地区的不同类型企业的研发投资实证检验结果见

表6.3。在低国有化程度银行业市场，不同类型的企业研发投资呈现异质化特点。企业的研发投资与其前期研发投资显著正相关，表明私营企业、中小企业、非高科技企业和高科技企业的研发投资具有延续性。国有企业、大型企业、非高科技企业的研发投资具有相似性，而私营企业、中小企业和高科技企业研发投资呈现同质性。研发投资与企业的当期现金流显著正相关，表明私营、中小和高科技企业研发投资存在融资约束；企业研发投资与滞后一期股权投资呈现显著负相关关系，表明私营企业、中小企业和高科技企业股权融资会对高风险研发投资产生抑制作用。

表6.3　银行业国有化程度低地区的企业研发投资实证检验结果

	国有企业	私营企业	高科技企业	非高科技企业	大型企业	中小型企业
rd_{t-1}	0.0675 (0.23)	0.800*** (3.76)	0.698** (2.44)	0.564** (2.25)	0.078 (0.29)	0.629*** (3.17)
$Netsales_t$	−0.0002 (−0.00)	−0.144* (−1.73)	−0.145* (−1.80)	−0.0261 (−0.26)	−0.0257 (−0.24)	−0.195** (−2.20)
$Netsales_{t-1}$	−0.183 (−1.58)	0.0061 (0.12)	−0.0578 (−0.99)	0.0431 (0.83)	−0.197* (−1.86)	0.00686 (0.15)
cf_t	0.0903 (0.57)	0.235** (2.25)	0.255** (2.31)	0.165 (1.5)	0.1 (0.89)	0.292*** (3)
Cf_{t-1}	0.226 (1.61)	−0.0758 (−1.34)	0.0028 (0.03)	−0.103** (−2.05)	0.222* (1.69)	−0.0409 (−0.71)
Rd_{t-1}^2	2.21 (0.89)	−0.988 (−1.43)	−0.718 (−0.67)	−0.748 (−0.34)	4.361* (1.7)	−1.207* (−1.93)
$loan_t$	0.0085 (0.14)	0.0443 (1.04)	−0.0109 (−0.14)	0.0632* (1.73)	−0.0099 (−0.22)	0.0641 (1.15)
$Loan_{t-1}$	0.0108 (0.45)	0.0054 (0.54)	−0.001 (−0.08)	0.0091 (0.89)	−0.0141 (−0.89)	0.0151 (1.13)
$Equity_t$	−0.0117 (−0.69)	0.0039** (2.13)	0.0053 (1.52)	0.0006 (0.19)	0.0007 (0.07)	0.0026* (1.78)
$Equity_{t-1}$	−0.0079 (−1.33)	−0.0075** (−2.58)	−0.0092*** (−2.71)	−0.0035 (−1.05)	−0.0087 (−1.35)	−0.0068*** (−2.56)
cons	0.0017 (0.04)	0.003 (0.27)	0.00263 (0.28)	0.0689 (1.1)	−0.0372 (−1.20)	−0.0048 (−0.36)
Year	是	是	是	是	是	是
Industry	是	是	是	是	是	是
N	944	2761	2231	1809	1455	2585
AR（1）P	0.04	0.000	0.000	0.000	0.006	0.000

续表

	国有企业	私营企业	高科技企业	非高科技企业	大型企业	中小型企业
AR（2）P	0.298	0.871	0.964	0.173	0.272	0.407
Hansen test	0.981	0.765	0.264	0.574	0.951	0.667

注：①在两阶段系统 GMM 方法中，水平方程和差分方程的工具变量选取：$t-3$ 期和 $t-4$ 期作为研发投资的工具变量，其余变量分别采用的是 $t-2$ 期作为工具变量；②小括号内的数值为变量估计系数的 z 统计值；③ * 代表在 10%的水平显著，** 代表在 5%的水平显著，*** 代表在 1%的水平显著。

在低国有化程度的银行市场，除了非高科技企业外，其他类型企业的长期贷款均与企业的研发投资没有显著关系。实证结果表明，在银行业国有化程度低的市场，由于国有银行市场力量并不强，因此银行市场的国有产权没有对企业的研发投资产生显著影响。在银行业国有化程度高的地区，银行体系的信贷集中流向国有企业部门，政府更多地采取对所有国有企业提供隐性信贷担保的方式。虽然股份制商业银行、城市商业银行等中小银行在服务非国有企业方面具有比较优势（林毅夫和孙希芳，2008），但国有银行的主导地位会制约非国有银行发展，限制了其资金供给，从而间接影响非国有企业信贷资源的供给，进而影响非国有企业创新。而在银行业国有化程度较低的地区，国有银行不再占据主导地位，股份制商业银行和城市商业银行等金融机构基于商业化导向为企业融资提供服务。银行业国有化程度（M）低，意味着该银行业市场是竞争性市场，根据市场假说，银行业竞争会促进低风险的非高科技企业的研发投资。

在利率管制背景下，这是国有银行作为现代化商业银行，基于风险控制的理性信贷决策。国有银行的产权特质决定了其目标函数的多元化，除了成本收益、风险控制等经济目标外，国有银行还有一定的社会性目标和政策性目标。经过多轮市场化改革和产权改革，由于引入现代公司治理结构，再加上其他股份制商业银行的竞争，国有银行的经营和管理已经逐渐达到现代化商业银行的标准，成本收益意识和风险控制意识进一步强化，社会性目标和政策性目标有所弱化。虽然中国的利率市场化改革启动于1996 年，但是，到 2013 年才放开贷款利率管制，2015 年取消商业银行和农村合作金融机构的存款利率浮动上限，利率市场改革收官。因此，在本书考察的样本周期内，中国的银行业基本还是处于利率管制的金融环境中。银行可以同时使用利率和抵押品作为甄别机制。由于存贷利率只有在一定幅度范围内可调控，银行不能通过利率的调整来对冲补偿贷款的风险，成本收益调整空间的狭窄导致银行在信贷决策时会更加强调利用抵押、担保品来识别风险和控制风险。只有大企业和拥有固定资产的企业才能在中国获得长期贷款（Huang et al.，2009；Bhabra et al.，2008）。

在利率管制的金融环境下，银行在信贷决策时会更加强调利用抵押、担保品来识别风险和控制风险。由于非高科技企业的固定资产显著高于高科技企业，即非高科技企业的抵押品显著高于高科技企业，因此非高科技企业的信贷风险要小于高科技企业。这个实证结果印证了，国有银行在进行贷款决策时，风险控制是其目标函数的核心变量。在银行业国有化程度低的市场，长期贷款和非高科技企业创新投资显著正相关，该结论也符合国有银行为低风险企业研发投资提供融资服务动机更强的研究假说 2。同时，在国有化程度高的银行业市场，由于政府对国有企业的信贷进行隐性担保，国有企业的信贷风险水平较低，对国有企业的研发投资信贷是国有银行符合成本收益分析的理性选择。研究假说 2 得以证明。

三　稳健性检验

为了检验实证结果的稳健性，将银行业产权结构 CR_4 和企业长期贷款 loan 的交互项 Nloan 放入模型。表 6.4 分别报告了高科技和非高科技企业、国有企业和私营企业、大型企业和中小企业的实证检验结果。

从表 6.4 中可以看出，高科技企业、非高科技企业和国有企业的长期贷款的系数都显著为正，表明长期贷款的增加会导致上述企业研发投资的增加。高科技企业模型中，地区银行业国有化程度对企业研发投资的当期影响显著为负，滞后一期的影响为正，交互项系数为负，P 值为 0.156，且比较接近 10%的显著性水平，表明地区银行业国有化程度的提高对高科技企业研发投资产生负向影响。非高科技企业和国有企业的交互项系数都显著为负。其中非高科技企业长期贷款对企业创新投资的总影响为 $0.175-0.288CR_4$，$CR_4=0.607$ 为临界点，当 $CR_4>0.607$ 时，长期贷款增加导致非高科技企业研发投资减少，当 $CR_4<0.607$ 时，长期贷款增加导致非高科技企业研发投资增加，这表明银行业保持一定的国有化程度可以促进非高科技企业的研发投资，但是银行业国有化程度过高会降低非高科技企业的研发投资。国有企业长期贷款对企业研发投资的总影响为 $0.249-0.367CR_4$，$CR_4=0.678$ 为临界点，当 $CR_4>0.678$ 时，长期贷款增加导致国有企业研发投资减少，当 $CR_4<0.678$ 时，长期贷款增加导致国有企业研发投资增加，这表明银行业保持一定的国有化程度可以促进国有企业的研发投资，但是银行业国有化程度过高会不利于国有企业的研发投资。

稳健性检验结果论证了国有银行对企业创新投资存在所有制偏好。银行业国有化在一定程度上促进了国有企业、非高科技企业研发投资。同时验证了银行业国有化程度过高会对国有企业和非高科技企业的研发投资产生挤出效应。

表 6.4　　银行业产权结构与企业创新的稳健性检验结果

	高科技企业	非高科技企业	国有企业	私营企业	大型企业	中小型企业
rd_{t-1}	0.374*** (2.75)	0.687*** (5.99)	0.732*** (4.26)	0.580*** (5.57)	0.609*** (3.45)	0.631*** (6.28)
$Netsales_t$	-0.138* (-1.78)	0.0515 (0.74)	-0.065 (-0.83)	0.0138 (0.28)	-0.0216 (-0.32)	0.0163 (0.23)
$Netsales_{t-1}$	-0.0038 (-0.11)	-0.0353 (-1.05)	-0.0508 (-1.31)	-0.0087 (-0.38)	0.0203 (0.77)	-0.0099 (-0.26)
cf_t	0.289*** (3.6)	0.0506 (0.63)	0.142 (1.59)	0.0691 (1.31)	0.0374 (0.47)	0.0921 (1.26)
Cf_{t-1}	-0.0801* (-2.00)	-0.0231 (-0.67)	0.042 (1.03)	-0.039* (-1.66)	-0.0365 (-1.27)	-0.0535 (-1.30)
$Rd_{t-1}{}^2$	1.029** (2.07)	-0.429 (-0.40)	-1.862 (-0.89)	0.251 (0.48)	1.914 (0.84)	-0.205 (-0.42)
$CR4_t$	-0.204*** (-2.59)	-0.0641 (-1.15)	0.0206 (0.4)	-0.0869 (-1.13)	-0.0173 (-0.36)	-0.0942 (-0.85)
$CR4_{t-1}$	0.188** (2.49)	0.0419 (0.75)	-0.0068 (-0.14)	0.0735 (1.01)	0.0127 (0.28)	0.0756 (0.73)
$Nloan_t$	-0.464 (-1.42)	-0.288* (-1.92)	-0.367** (-2.01)	-0.147 (-0.50)	-0.0675 (-0.45)	-0.295 (-1.55)
$Nloan_{t-1}$	-0.0587 (-0.80)	-0.0012 (-0.04)	-0.099 (-1.62)	0.0027 (0.05)	0.0069 (0.18)	-0.0252 (-0.50)
$loan_t$	0.324* (1.63)	0.175* (1.87)	0.249** (1.97)	0.147 (0.84)	0.0572 (0.55)	0.202 (1.57)
$Loan_{t-1}$	0.0449 (0.99)	0.0056 (0.29)	0.0663 (1.57)	-0.0022 (-0.06)	-0.0154 (-0.61)	0.0213 (0.68)
$equity_t$	0.0043** (2.1)	0.0003 (0.16)	0.0047 (0.86)	0.0024 (1.5)	0.0141 (1.63)	0.0013 (0.73)
$Equity_{t-1}$	-0.0033 (-1.29)	-0.006*** (-3.09)	-0.0076** (-2.19)	-0.0077*** (-4.06)	-0.0082** (-2.63)	-0.0067** (-2.88)
_cons	0.0143 (1.52)	0.123** (2.08)	0.0169 (0.36)	0.0253* (1.87)	-0.0236 (-0.70)	0.0133 (0.96)
Year	是	是	是	是	是	是

续表

	高科技企业	非高科技企业	国有企业	私营企业	大型企业	中小型企业
Industry	是	是	是	是	是	是
N	5071	4148	2463	5977	426	5898
AR（1）P	0.000	0.000	0.000	0.000	0.021	0.000
AR（2）P	0.081	0.047	0.670	0.046	0.141	0.025
Hansen test	0.217	0.200	0.941	0.167	0.778	0.330

注：在两阶段系统 GMM 方法中，水平方程和差分方程的工具变量选取：高科技和非高科技企业模型采用 $t-3$ 期作为研发投资工具变量，其余变量分别采用 $t-2$ 期作工具变量；其余模型采用 $t-3$ 期和 $t-4$ 期作研发投资工具变量，其余变量分别采用 $t-2$ 期作工具变量。

第四节 小结

银行业产权结构对上市企业研发投资的实证结果表明：①银行业产权结构对一般性企业研发投资没有产生显著的影响，但是对国有企业研发投资产生了显著影响，表明国有银行在践行现代商业银行角色之外，仍然承担着社会发展目标和政治任务目标。②在银行业国有化程度高的市场，银行长期贷款对国有企业的研发投资产生显著的促进作用。这个结果正好验证了第三章国有银行对企业研发投资存在所有制偏好的理论研究结论。③在银行业国有化程度低的地区，长期贷款对非高科技企业研发投资产生了显著的促进作用。

中国的经验研究几乎都不约而同地得出了私营企业比国有企业具有更高创新效率的结论（汪锦等，2012；Hu and Jefferson，2008；吴延兵，2012）。书中产权结构对企业创新影响的实证研究也表明，产权结构近乎只对国有企业的研发投资产生显著影响。国有银行对国有企业创新的促进作用是建立在政府为国有企业提供隐性担保的基础上，这会对企业创新资源的配置造成一定的扭曲。韩国的经验表明政府通过其控制的银行体系为特定企业提供优惠信贷，会带来“大而不倒”的金融风险和政企不分的问题，并对中小企业产生挤出效应。值得肯定的是，政府通过其控制的银行体系为特定企业提供优惠信贷，实现信贷政策和产业政策的协调配合可以显著地促进企业在具有较强正外部性的高科技创新领域取得突破性进展。

第七章

银行业结构与企业创新的案例分析

作为一个经济转型国家，中国在相当长一段时间实施金融抑制政策，尤其在改革开放初期，为了集中资金重点发展关键产业，实施金融资源的行政性配置，间接融资是主要的融资方式，并形成了银行主导型的金融体系。虽然近年来，中国的金融产业发展迅速，互联网金融等多种金融业态得到大力发展，金融改革力度不断加大，但是目前中国仍然是银行主导型的金融结构，银行是企业的首要外部融资来源。从银行业发展而言，随着利率市场化改革的不断推进和民营银行准入门槛的放宽，各地区银行业市场竞争呈现日趋激烈的态势。但是，四大国有商业银行在银行业中长期以来占据绝对市场优势，而其他银行业金融机构处于从属地位，这样的银行业产权结构导致的直接后果是：国有企业能享受信贷资金优先权，银行体系的信贷资金集中流向了国有企业部门，并且贷款利率更低，而非国有企业部门遭受严重的信贷约束，形成了金融资源的错配。本书的实证研究已经证实银行业的市场结构和产权结构变迁会对企业创新产生显著的影响。日本和韩国在经济腾飞阶段的企业创新特性与中国改革开放以来的企业创新有很多共通之处。而中国经历的银行业市场结构和产权结构变迁历程，也与日本和韩国在经济高速增长时期的银行业发展变迁路径非常相似，日本和韩国的银行业改革经验对中国的银行业改革有重要的启示意义。

第一节　市场结构与企业创新的案例分析

本书的实证研究表明，由于市场力量显著地提高了银行的风险阈值，银行拥有市场力量能够显著地促进高科技企业的创新投资。银行业竞争对高科技企业创新投资的影响基本符合基于不完全契约理论的信息假说，即银行业竞争不利于促进高科技上市企业创新投资。而在高度竞争的银行业市场，银行业竞争促进了非高科技上市企业创新投资，可见，市场假说只对风险较低的非高科技上市企业创新投资适用。日本的主银行制度就是建立在不完全契约理论基础上的制度安排，而且，在经济腾飞阶段，日本的主银行制度在助力企业创新上起到了至关重要的作用。

一　日本主银行制度与企业创新

虽然企业创新的信息不对称、高不确定性回报、缺乏担保问题，导致外源负债融资很难成为企业研发投入的融资来源，但是在银行主导型金融体系背景下，银行在企业创新融资中仍然起到了关键作用。银行在年轻私人企业融资上起了非常重要的作用，而这些企业是创新的核心动力。即使在美国，直到20世纪90年代后期，银行一直是年轻私人企业融资的核心来源，因为当时的私人股权市场处于初期发展阶段（Metrick and Yasuda, 2010）。20世纪中后期，日本正是在银行主导型的金融体系背景下，实现了企业创新和技术进步。其中最为典型的就是日本的主银行制度。

第二次世界大战后，由于日本资金短缺，且证券市场不发达，发行股票融资的方式受到很大的限制，政府又制定了严格的标准管制债券发行，企业从资本市场获得资金的渠道大大受限，企业融资必须依靠银行借款。从表7.1可以看出，在1965—1979年这段时期，日本企业的外部融资结构中银行贷款占比均高于50%，企业融资渠道以依赖银行贷款的间接融资为主。在间接融资方式下，企业对银行依赖性不断加强，进而使企业与银行建立起了一种长期的相对稳定的交易关系。以间接金融为基础的主银行制度就是在这样的金融体系环境中发展成熟并且普及起来的。

表7.1　　日本大企业外部融资结构变化　　单位：%

年份	股票	贷款	公司债
1965—1969	8.0	79.9	12.1
1970—1974	6.4	83.3	10.3
1975—1979	19.6	55.1	25.3
1980—1984	30.0	45.0	25.1
1985—1988	38.6	10.0	51.4

资料来源：尹恒：《银行功能重构与银行业转型》，中国经济出版社2006年版，第202页。

主银行制度的本质是银行和企业双方共同维持的一种长期契约关系，

在该契约关系中，主银行对企业实施事前、事中和事后的监督。银行持有企业的股权并不是主银行制度的必要条件和充分条件。在第二次世界大战后的日本经济发展环境约束条件下，基于“关系”的主银行制度比基于市场竞争的契约制度能更快地促进日本经济的发展。第二次世界大战后，日本银行严格地控制新进入城市银行的资格，这是主银行制度运行的一个不可缺少的条件。20 世纪 50 年代以后，主银行的数目基本没有增加，反而由于银行之间的合并，而使数目减少。城市银行在政府的保护下，具有了银行业市场垄断力量，在低竞争度的银行业市场，银行凭借自身的市场垄断力量获取高额的经济租。政府金融行政的强力保护及企业对银行信贷的高度依赖，为主银行创造了高额租金，密切的银企关系成为必然。

企业创新具有风险高、周期长等特点，因此，企业创新融资对银行而言，是长期项目，而对创新企业而言，项目创新需要获得银行的长期贷款支持。在基于市场竞争的机制中，由于银行无法将企业创新的未来收益“内部化”，因此银行资助企业创新项目的动机不强。但是，在主银行制度中，由于银行凭借其自身的市场垄断地位和企业建立了长期的契约关系，银行可以在前期为企业的高风险创新项目提供一个市场利率或者低于市场利率的价格，而在后期企业创新取得成功，可以承受更高的利息支出时，在再谈判中银行敲企业“竹杠”，再收取高于市场利率的价格，从而跨期平滑各期的利息收入。在贷款决策时，主银行不仅考虑企业的短期偿债能力，还要考虑长期偿债能力，以及银行可以获取回报的各种非契约控制。主银行制度下，利率可以在各期间进行平滑和调整，因此利率的确定与融资项目的内在风险无关。综上所述，主银行制度在资助长期内带来效益的高科技创新项目上比基于市场竞争的体制更为有效。

在 20 世纪 50—70 年代，日本经济处于高速发展时期，其间年均 GDP 增长率达到了近 10%，在 20 世纪 70—80 年代日本经济由高速增长转入中高速增长阶段，非常类似于中国近年来的经济发展状况。这期间，日本企业开展了大量创新活动，并对欧美企业的技术垄断地位造成了巨大的冲击。如从 20 世纪 50 年代索尼的晶体管收音机、60 年代丰田的 JIT（Just In Time）生产方式、70 年代本田的小型高动力引擎和摩托车，到 80 年代佳能的小型复印机、索尼的随身听以及游戏机等①。日本经济高速增长的

---

① 赵晓庆：《自主创新战略路径的国际比较》，《管理工程学报》2010 年第 24 期。

阶段正好也是主银行制度走向成熟和普及的阶段。可见，在主银行制度背景下，日本企业创新曾经取得了长足的进步。在日本经济高速发展阶段，为将稀缺资源的资金合理配置到重点发展的产业上，政府通过银行体系确保企业绝大部分融资需求都得到满足。在此期间，日本通过城市银行合并来减少银行数量，同时严格控制新增城市银行的资格，城市银行因此拥有了市场垄断地位，银行业的竞争度大大降低。日本建立了以紧密银企关系为特征的主银行制度，主银行不仅向业务关联、交易关联企业提供短期和长期贷款，而且在特定情况下，参与企业的相机治理。主银行制度实质上赋予银行在再谈判过程的剩余控制权，债务契约实现了控制权的相机转移作用。因此，不完全契约已经成为日本银行和企业的制度化行为预期。

综上所述，在 20 世纪 50—70 年代日本经济高速增长的发展阶段，日本的金融体系正处于金融非自由化阶段，金融资源主要集中于银行体系，这期间，拥有市场力量的银行为企业的大量创新活动提供了融资服务，银行通过不完全契约赋予的剩余控制权跨期分享企业的创新剩余。但是，主银行制度的良好运行需要建立在一定的基础上：自由市场经济不完善、信息严重不完全和不对称，契约约束力普遍较弱、企业融资渠道缺乏。在这样的经济环境下，主银行制度以强有力的双边锁定关系取代了契约，并可以达到比基于市场竞争的契约系统更好的效果。20 世纪 70 年代中期以后，日本经济开始进入低速增长阶段，日本经济自由化和国际化的发展不断加速，主银行体制也逐渐失去其存在的基础。日本开始由资金严重短缺转为严重过剩，而经济从供给不足转为需求不足，同时出现了企业资产重组、减轻债务负担、提高竞争力的内在需求，主银行垄断的单一间接金融市场格局面临挑战。

在契约缺乏约束力，资金成为稀缺资源的环境下，日本的主银行制度曾经对日本的经济发展起到了重要的作用，但随着经济环境的变化，主银行制度逐渐失去了其存在的经济基础。由此，日本政府开始进行银行业改革，逐渐向基于市场竞争的模式转变，以便适应发达经济和契约约束力较强的环境。日本的金融自由化始于 20 世纪 70 年代，1985 年实现存款利率完全自由化，90 年代后期基本完成了金融自由化，建立了市场主导型的金融体系。从表 7.1 可以看出，20 世纪 80 年代以来，日本企业的外部融资渠道发生了重大变化，在银行贷款比例下降的同时，股票和公司债的筹资比例显著上升。由此，主银行和企业之间的关系开始发生变化，开始出现大企业与主银行离心的倾向。80年代后期，日本开始出现的“金融脱媒现象”严重影响了银行的贷款业务，但是存款仍然持续地流向商业银行，为了应对日益收窄的利差空间、追求更高的收益，商业银行进入了房地产投资、设备投资和股票投资等领域，因此构成了80年代末日本经济泡沫膨胀的重要原因之一。

从日本的案例可以看出，基于不完全契约的主银行制度适合契约约束力不强并且资金相对缺乏的经济环境，而基于市场竞争的机制则适应于契约约束力较强而且资金相对充足的经济环境。当经济从高速增长切换到低速增长阶段，契约约束力提高，资金变得充裕时，主银行制度就变得不合时宜，主银行制度改革滞后于经济金融环境的变化，是日本金融危机形成的一大重要因素。

二 对中国的启示

结合样本期间2007—2014年中国的现实背景来看：2014年提出中国经济进入新常态，经济增速进入从高速转向中高速的换挡期；中国目前仍处于银行主导型金融体系背景下，但是2015年利率市场化改革的收官和民营银行市场准入的放开意味着中国开始进入金融自由化阶段。因此，在样本观察期内，经济高速增长和金融非自由化背景这两个外部条件已经具备，这可以解释在低竞争度的银行业市场，银行拥有市场力量促进了高科技企业创新投资的研究结论。

日本的历史经验表明，银行对高科技企业创新的促进作用是建立在一定的外部条件和内生动力基础上的。主银行制度运行良好的基础包括自由市场经济不完善、信息严重不完全和不对称，契约约束力普遍较弱、企业融资渠道缺乏。经济增长和金融非自由化构成了银行对高科技企业创新促进作用的外部条件，而银行拥有市场力量则构成了其内生动力。在经济增长期，企业增长，银行能够获得贷款利息和作为创新剩余的风险溢价，银行支持企业投资，企业与银行形成良性互动状态。但在经济萧条时期，由于紧密的银企关系，企业危机可能直接转化为银行危机，从而对金融系统的安全造成冲击。经济高速增长克服了因为银行“敲竹杠”问题带来的企业专项投资不足问题，银行和企业共享经济高速增长的果实。金融自由化会催生“金融脱媒”现象，企业会脱离商业银行体系而转向资本市场融资。而在金融非自由化背景下，银行主导型的金融体系使银行成为企业融资无法回避的中介，由于金融资源主要集中于银行体系中，银行在金融市场中免予来自其他金融业态的竞争。再加上银行业市场中的垄断地位，这些都意味着银行在企业融资市场中拥有绝对的垄断市场力量。银行正是凭借其在企业融资市场中的市场垄断力量提升其与企业再谈判中的谈判力，从而攫取更高的创新剩余比例。

日本的历史经验启示我们，无论一项金融制度曾经为经济发展发挥过多么重要的作用，一旦经济金融环境转换，金融制度也必须随之进行调整和变革。目前，中国的经济金融环境已经发生了巨大的变化，经济增速进入从高速转向中高速的换挡期；同时已经开始进入金融自由化阶段，不仅股票和债券市场发展迅速，互联网金融等金融新业态也蓬勃发展，多元化多层次的金融体系雏形初现，资金严重短缺转为严重过剩，而经济从供给不足转为部分产业产能过剩，企业杠杆率过高。可见，拥有市场力量的银行对高科技企业创新产生促进作用的外部条件和内生动力都已经不再具备。信息假说的假设条件已经无法满足，中国除了进一步加大银行业市场结构改革外，重点是优化金融结构改革，建立完善多层次多元化的企业创新金融支持体系。

第二节　产权结构与企业创新的案例分析

本书银行业产权结构对上市企业创新投资的实证结果表明：国有银行在践行现代商业银行角色之外，仍然承担着社会发展目标和政治任务目标。国有银行对企业创新投资存在所有制偏好，在银行业国有化程度高的市场，银行长期贷款对国有企业的创新投资产生显著的促进作用。银行业保持一定的国有化程度可以促进国有企业的创新投资，但是银行业国有化程度过高会不利于国有企业的创新投资。在韩国经济崛起腾飞发展阶段，韩国政府将金融业作为其执行国家产业政策和宏观计划的得力工具，由政府直接控制银行的信贷经营和市场交易范围，政府通过其控制的银行体系向企业提供优惠信贷。财阀集团就是在银行体系的资金支持下发展起来的。

一　韩国银行的政治关联与财阀创新

20 世纪 60 年代的韩国由于经历了长期的战争和政治的混乱，经济状况极为恶劣，自然资源条件有限，企业的资本积累不足，国内购买力低下。韩国确定了国家干预经济并制订长期经济计划，由财阀来推动经济发展的经济路线，推行由支持财阀以出口带动经济增长的外向型发展战略。20 世纪 60 年代以来，为进一步促进经济增长，韩国制定了许多特殊的金融政策和措施：韩国政府直接控制金融体系和投资资金，引导资金流向优先发展部门；实施“不均衡增长战略”重点投资政策，加强金融业对战略性部门和落后部门的支持，并设立了许多专业银行；对投资资金实行利差补贴制度。这些金融制度安排在促进韩国经济起飞上发挥了巨大的作用。韩国试图通过财阀发展来推动经济发展，在财阀发展过程中，韩国政府利用信贷、财政、税收等手段，为财阀迅速发展壮大提供了很多支持。其中，银行起到了非常重要的作用，银行贷款是财阀企业融资的主要来源。

20 世纪 60 年代，韩国政府推翻自主中立的金融制度，并按政府干预经济的需要重建了银行体系。通过修改《银行法》没收商业银行的绝大部分股权，政府控制银行主要领导人员的任免和银行预算。20 世纪 60 年代中期，韩国政府开始管制利率。20 世纪 70 年代中期，政府实施“信用控制体系”政策。这一系列针对银行体系的法律法规强化了政府对整个国家金融资源的控制，政府可以根据意愿通过支持财阀的发展来推动国内经济。在这一段时间韩国施行金权合体的金融体制，属典型的“官制金融”。

韩国的金融自由化始于 20 世纪 80 年代。80 年代之前，韩国的银行高级管理层由政府直接任命。80 年代初，银行开始非国有化产权改革。政府逐步减少其在国有商业银行的股份比例，同时还规定每个股东所持的股本不得超过总股本的 8%，以防止大财团对银行的垄断。1981—1983 年，韩国基本完成了城市银行的民营化，同时放松了非银行金融机构的市场准入。从 1982 年起，取消一般性贷款和政策性贷款之间的利差。同时政府放弃长期以来对银行信贷规模和额度的直接控制，转而通过准备金率、再贴现率和公开市场进行间接调控。1993 年以来，韩国对外资银行实行国民待遇；1995 年起，韩国政府允许国外投资者直接进入韩国资本市场和货币市场。不过，银行存款利率管制仍然没有放开，政府对金融市场还保有强力的干预。总之，即使经历了产权改革，政府仍然对银行系统拥有政治影响力。韩国政府通过其控制的银行体系向企业提供优惠信贷。在银行体系的资金支持下，部分企业向许多领域扩张，进行多元化布局和专业化运营，形成了财阀集团。

韩国政府利用与银行的政治关联，积极通过银行优惠贷款等多种形式鼓励企业创新，尤其是大企业的创新。韩国政府采取了包括税收补贴、优惠贷款等很多支持措施，推动工业化进程。享受大多数优惠贷款等支持措施的很多企业后来成为财团，其中一部分甚至发展为世界一流企业，如三星、现代和 LG 等。在工业化初期，韩国政府以大规模直接投资或信贷担保的方式，大量引进成套设备，在较短时间里培育大企业的技术创新水平。韩国政府支持企业设立研发机构，在政府政策引导下，韩国的企业研究所、产业研发中心、企业技术开发中心等快速成长，成为韩国创新的主要力量。据统计，韩国政府投资的研发机构仅有 20 多家，而企业研究机构已经超过 1 万家，许多大企业拥有多个研发部门。三星电子公司的研发所多达几十家，研发人员占员工的数量达到 40%，正是依靠强大的研发力量，韩国企业在世界市场影响力不断加大，涌现出一批世界级成功企业①。但是，由于融资困难、创业人才匮乏、市场竞争环境不公平等因素，韩国中小企业在创新驱动发展上乏善可陈。由于政府在经济发展初期过度支持财阀企业，而漠视中小企业发展，导致了财团的过分膨胀和杠杆率过高的局面（尤其是在 1997 年危机之前），而这也提高了韩国经济的系统风险，见表 7.2。

虽然，20 世纪 70 年代以来，韩国就开始了金融自由化改革的尝试，但是在 OECD 国家中，韩国被认为是金融现代化最慢的国家之一。由于韩国长期将金融业作为其执行国家产业政策和宏观计划的得力工具，由政府直接控制银行的信贷和市场交易范围。韩国经济高速增长期的金融政策引发了财阀的高负债发展战略，由政府支持的举债经营和财阀们急速扩张战略累积的巨额债务成为巨大的隐患。从表 7.2 可以看出，1995—1997 年韩国前十大财阀的负债率大都在 300%以上，个别财阀企业的负债率甚至高达 1000%以上。到 1997 年年末，韩国最大的 30 家财团的债务/权益比率达到了 519%。

表 7.2　　韩国前十大财阀企业的融资结构（债务/权益比率）

财阀企业	1995 年	1996 年	1997 年
Hyundai	376.4	436.7	587.7

① 樊继达:《韩国创新驱动战略的着力点》,《学习时报》2016 年 3 月 24 日。

续表

财阀企业	1995 年	1996 年	1997 年
Samsung	205.8	267.2	370.9
LG	312.8	346.5	472.0
Daewoo	336.5	337.5	505.8
Sunkyung	343.3	383.6	468.0
Ssanghong	297.7	409.4	907.8
Hanjin	621.7	556.6	399.7
Kia	416.7	516.9	1214.7
Hanwhu	620.4	751.4	944.1
Lotte	175.5	192.1	359.9

资料来源：孟维、曹庆军：《论财阀的兴衰与韩国银行体系的改革》，《商情》2010 年第 32 期。

韩国政府利用其对银行的政治影响力，积极通过银行优惠贷款等多种形式大力支持财阀企业发展，这种制度在第二次世界大战后韩国经济发展初期可能是有效和合理的，因为它有利于政府集中资金发展经济尤其是推动一些重要产业的发展。但是，这种制度长期实施，最后也产生了相当深刻的负面影响。财阀的高负债率不但提高了银行体系的系统风险水平，而且也使企业承受经济冲击的能力下降。同时，由于韩国银行体系受制于政府，银行不能发挥监管者的作用，这种制度剥夺了银行的经营自主权，削弱了银行自身管理和控制信贷风险的能力和积极性，出现大面积的“优惠贷款”和“关系贷款”，从而形成了表 7.2 中“企业超借”、“银行超贷”的怪现象。在政府强力干预下，银行信贷资源不断流入受政府庇护的大企业中，经长期积累形成大量不良债权。如韩国大宇汽车破产后，两家韩国银行紧跟着陷入困境。因为这两家银行相当于是被指派和大宇绑定在一起，银行成了大宇汽车的财务部门，只管吸储并汇集到大宇手中，几乎不考虑风险控制。一旦条件成熟，财阀企业的巨额债务危机势必会波及汇市、股市，进而成为引发金融危机甚至经济、政治危机的重要诱因。最后，这种制度为本国的金融机构提供了法律和政策等多方面的保护，使银行等金融机构缺乏核心竞争力。

金融制度的落后和缺陷是导致韩国银行“超贷”和企业高负债经营的根本原因，这些因素为 1998 年韩国金融危机的爆发埋下了种子。1998

年韩国根据 IMF 制定的方案开始对财阀进行全面改革，其基本的目标是扭转财阀控制韩国经济命脉的现状，打破政府、财阀和银行间的“铁三角”模式，把扶持财阀的经济政策转变为扶持中小企业的经济发展政策。一是在政企关系层面，韩国政府彻底割断政企风险伙伴关系。政府要求结束官制经济，要取消政府在贷款、税收、融资等方面赋予大企业集团的优惠措施，并通过立法取消财团的所有特权，割断政经裙带关系，打破财阀的垄断体制。二是在银企关系层面，改变银企之间的关系型融资，向市场型融资转变。政府的最终改革目标是使银行摆脱政府控制，自主选择投资方向。

韩国政府战略布局重点扶持“据点企业”，催生企业膨胀扩张成财阀，形成绝对垄断地位，但是效率却不断下降。政府为引导资金投向优先发展部门而长期实行补贴制度和优先投资制度不可避免地带来了一些不良后果，如“大而不倒”的潜在金融风险。韩国财阀经营范围涵盖三大产业，产业繁多，但是关联度低，几乎 80%的业务与核心领域无关。例如三星集团涉及航空、化工、证券、电子、造船、旅游等数十个行业。多元化战略既与企业能力半径扩大有关，更是被各财阀之间竞争驱动。财阀盲目扩张导致效率低下，而其规模日益庞大，形成巨型产业集群，逐渐对韩国资源、资金、市场形成高度垄断，对中小企业产生了挤出效应。2001—2014 年韩国政府进行财阀制度改革，核心内容是改革企业治理结构。政府要求财阀集团卖掉非核心产业；每个财阀实现专业化经营，集中力量经营 3—5 个大的产业部门；禁止集团子公司相互提供贷款担保。但是改革见效甚低，2012 年，韩国前十大财阀的总资产占韩国 GDP 的比例高达 85%。韩国财阀的垄断势力不仅没有因为改革而削弱，反而规模越发庞大，财富集中度更高。

虽然，韩国政府通过其控制的银行体系向财阀提供信贷优惠，带来了“大而不倒”和“政企不分”等诸多弊病，但是，不可否认，韩国实施跨越式技术发展战略路径取得了很大的成功。韩国通过政府产业政策与银行的金融支持来实现核心高科技技术的创新，即特大企业集团集中整合资源，将大量资源集中于有待重点突破的产业与技术领域，从而实现技术跨越式发展。20 世纪 90 年代以来，三星、LG 和现代等特大型企业已经将新技术的自主研发作为其创新的焦点。如 1998 年，三星发明了全球首款能够量产的数字电视，1999 年推出了完整的数字电视产品线和首款支持互联网连接的手机。因此，这些特大型一体化企业组织由韩国政府亲自缔造和领导实现核心空白技术突破视角来看，这些企业不仅是商业利润的追逐者，而且是韩国国家意志的体现，这与中国国有企业的定位有一定的重叠。

韩国财阀的主要融资方式是借贷，而不是利润积累或发行股票。财阀高负债经营，借贷由各子公司互相担保，或者由政府担保，实际上银行对于负债企业的约束力很低。这种转嫁风险的方式将政府、公众与财阀紧密捆绑，以确保“大而不倒”。财阀将伴随企业的风险转嫁给政府和公众，加剧了金融风险。这种“大而不倒”的潜在金融风险与中国的“僵尸企业”存在相似之处。在财阀高速成长过程中，韩国政府不仅从政策、行政手段调控、引导产业发展等方面进行干预，还介入企业治理结构、产业方向甚至经营管理各个方面，直接造成了政府与企业权责错位。中国很多的大中型国有企业中政企不分现象长期存在，这与韩国政府和财阀之间的关系有很多相似之处。

二　对中国的启示

与韩国相似，中国通过政府控制的银行体系为特定企业主要是国有企业提供信贷优惠。由于国有银行和国有企业之间广泛的政治关联，导致政府对国有企业提供广泛的信贷担保，这可以解释第六章实证结果：银行业保持一定的国有化程度可以促进国有企业的创新投资。从韩国经验来看，在经济发展初期阶段，保持政府对银行业的一定控制，确实促进了韩国财阀企业的技术创新。然而，本书有关银行业国有化程度过高会不利于国有企业的创新投资的实证结论也印证了，银行业国有化程度过高，导致韩国财阀企业“大而不倒”、盲目扩张、效率低下的问题。

韩国财阀企业“大而不倒”的潜在金融风险与中国的“僵尸企业”风险存在相似之处。“僵尸企业”通常是指那些已经陷入财务危机但依靠债权人继续提供借贷依然维持生存的企业。“僵尸企业”本应退出市场，但是他们依赖着政府补贴及银行对其的宽松政策等其他非市场因素而得以生存。由于与政府广泛的政治关联，国有企业更容易成为“僵尸企业”。朱顺楠和陈琛（2016）研究发现，高负债企业、规模过大企业、制造业企业和国有企业较易成为“僵尸企业”。张栋等（2016）研究发现，政府干预下的银行信贷、政府直接补助和政策优惠是中国“僵尸企业”形成的根源。朱鹤和何帆（2016）研究结论表明，产业结构单一、国有经济成分较高的省份“僵尸企业”占比较高；产能过剩行业和劳动密集型行业的“僵尸企业”占比较高；国有企业更容易成为“僵尸企业”。聂辉华等（2016）指出“僵尸企业”出现的主要原因包括：部分地方政府和企业之间的不当关系、地方政府之间的恶性竞争、国企之间的恶性竞争，银行的信贷歧视等。众多研究表明，政府对银行的信贷干预、国有经济比例和国有企业都与“僵尸企业”显著相关。在银行业国有化程度高地区，国有企业能以较低的融资成本借到国有银行的大量贷款，但是这些国有企业自身并没有很好的投资机会，因此这些低成本的资金之后又转手借出（比如给私营部门），或者流入非实体经济（如房地产、股票投资等）从中获得利差。总之，国有企业的优惠贷款并未流向实体经济，更多地流向资本市场，从而对研发投资产生“挤出效应”。“僵尸企业”的存在会加剧产能过剩，降低资源配置效率，严重阻碍行业生产率的提高和经济增长。同时，导致银行不良贷款增加，并诱发系统性风险。

结合韩国的历史经验，虽然保持一定的银行业国有化程度，可以促进具有正外部性效应的高科技企业的创新，但是应该尽量避免政治关联对企业创新投资产生的影响，尤其是需要尽量消除政府对所有国有企业提供隐性担保的干预模式，依靠银行业市场结构的优化来实现企业创新资源的有效配置。同时，继续优化国有银行的产权改革，减轻政府对国有商业银行的政治影响力，鼓励银行和企业建立基于市场的契约关系，尤其是谨慎使用产业政策，重点优化信贷政策与产业政策的协调配合，促进产业结构转型升级。

第三节　小结

银行业结构与企业创新的案例分析表明，基于不完全契约的日本主银行制度要发挥促进企业创新的作用，必须满足一定的条件：金融非自由化、经济高速增长、信息严重不完全和不对称，契约约束力普遍较弱、企业融资渠道缺乏。在2007—2014年银行主导型金融体系背景下，银行拥有市场垄断力量促进了高科技企业的创新，符合基于不完全契约的信息假说。目前，中国的经济金融环境已经发生了巨大的变化，经济增速进入从高速转向中高速的换挡期；同时已经开始进入金融自由化阶段，不仅股票和债券市场发展迅速，互联网金融等金融新业态也蓬勃发展，多元化多层次的金融体系雏形初现，资金严重短缺转为严重过剩，而经济从供给不足转为部分产业产能过剩，企业杠杆率过高。可见，在金融自由化和中国经济进入新常态等的背景条件下，银行业市场结构和企业创新的关系不能再简单地套用以往的实证研究结论，需要我们进一步深化研究。

韩国政府利用其对银行的政治影响力，积极通过银行优惠贷款等多种形式鼓励企业创新，尤其是大企业的创新。在韩国经济腾飞阶段，韩国政府确实通过政治关联银行的信贷优待促进了大企业的创新，但是，同时催生了财阀的高负债发展战略，产生了由政府支持的举债经营和财阀们急速扩张战略累积的巨额债务，引发了“大而不倒”的潜在金融风险、盲目扩张、投资效率低下等问题。政府对中国国有商业银行的政治影响力，使国有商业银行对国有企业的创新投资存在所有制偏好，但是过高的银行业国有化程度和过强的政治关联会对国有企业的创新投资产生挤出效应，使国有企业更容易成为“僵尸企业”，进而加剧产能过剩，降低资源配置效率，严重阻碍行业生产率的提高。

第八章

结论与启示

第一节　主要结论

企业是创新的主力军，推动企业创新是创新驱动发展战略的关键环节。创新融资约束是企业创新过程中无法回避的难题，提升金融体系对企业创新的融资支持是解决问题的关键。创新项目的高度不确定性、缺乏担保等特点使银行债权融资成为企业创新融资最佳来源的可能性大大降低。然而，在银行主导型金融体系背景下，中国的企业创新已经取得了长足的进步。而且，在目前银行主导型金融体系背景下，银行信贷作为企业融资的首要来源是无法回避的现实。金融结构的优化是动态的过程，在现有的金融结构约束条件下，加大银行信贷对企业创新的金融支持是现实可行的改进方法。本书回答的核心问题是：银行业市场结构和产权结构对企业创新分别有什么样的影响，而且在促进企业创新的问题上，市场结构和产权结构哪个是有效的银行业改革方向？

书中的研究结论可以归结为以下四点：

（1）中国银行业结构和企业创新关系与不完全契约理论框架结构相契合。不完全债务契约赋予银行事后的剩余控制权。在银行主导型金融体系中，市场力量有助于银行在事后重新再谈判中通过“敲竹杠”来分享企业创新剩余。市场力量（市场竞争度刻画的市场结构和集中度刻画的产权结构）和政府提供的企业隐性信贷担保是影响企业创新预期收益和银行支持企业创新预期收益的重要因素。

（2）2007—2014 年各地区银行业市场竞争总体呈现垄断竞争的格局，但是银行业竞争整体呈现上升趋势，尤其是利率市场化改革后，各地区银行业竞争度明显上升。各地区银行业国有化程度都出现持续下降趋势，东部地区银行业国有化程度明显低于中西部地区。利率市场化改革强化了地区银行业市场竞争。地区的银行业集中度与银行业竞争度存在正相关关系，贷款利率管制放开后，地区银行业集中度对竞争度的提升作用显著增强。

（3）银行业市场结构对企业创新的影响符合不完全契约理论视角下的信息假说。企业的创新倾向和银行支持企业创新的预期收益都随着银行垄断市场力量的上升而上升。在经济高速增长、金融非自由化背景下，银行拥有市场力量促进了企业的创新投资。在竞争程度低的银行业市场，银行拥有垄断市场力量显著地促进了私营企业和高科技企业的创新投资。在竞争性的银行市场，银行业竞争促进了非高科技企业的创新投资。风险调整收益是影响银行业市场结构和企业创新投资关系的核心因素。

（4）银行业产权结构与企业创新关系的研究表明：政府为国有企业提供隐性担保提高了国有企业的创新水平和国有银行的预期收益；国有银行对国有企业创新融资支持受到政府对企业信贷隐性担保形式的影响。国有银行对企业创新融资存在所有制偏好；在银行业国有化程度越高的地区，国有银行为国有企业创新提供融资服务的预期收益更高；在低国有化程度市场，长期贷款对非高科技企业创新投资产生促进效应。

第二节　政策启示

研究的政策启示有以下四点：

（1）明确未来银行业改革的侧重点，优化银行业市场结构。研究表明，在银行主导型金融体系中，银行拥有一定的垄断市场力量有利于促进企业创新投资。银行业产权结构对企业创新影响的实证研究表明，产权结构仅对国有企业和非高科技企业的创新投资产生显著影响。一定程度的国有产权结构能促进非高科技企业和国有企业的创新投资；过高的国有产权结构却对非高科技企业和国有企业的创新投资产生挤出效应。国有银行对国有企业创新的促进作用是建立在政府为国有企业提供隐性担保的基础上，这会对企业创新资源的配置造成一定的扭曲。因此，应该避免国有银行和国有企业之间的政治关联对企业创新投资产生的影响，尤其是需要尽量消除政府对所有国有企业提供隐性担保的干预模式，依靠银行业市场结构的优化来实现企业创新资源的有效配置。

（2）以供给侧结构性改革为契机，建立完全可竞争的银行业市场。

优化银行业市场结构的重点在于提高银行业市场的可竞争程度，而不是市场组织结构。四大国有银行市场集中度（产权结构）对一般性的企业创新投资没有产生显著影响，主要对不同产业的国有企业创新投资产生显著影响。从促进企业创新的视角出发，市场组织结构并不是有效的银行业结构改革方向。银行业改革关键并不在于保持一定的国有银行市场集中度，最关键在于破除市场的准入和退出壁垒。所以应当以供给侧结构性改革为契机，加强金融市场的有效制度供给，破除现有的经济和法律壁垒，建立完全可竞争的银行业市场环境，即只存在少数银行时，也可达到完全竞争状态。

（3）避免“一刀切”政策，加大对高科技国有企业的专项信贷支持。银行业国有化程度对国有企业创新投资有显著影响。但是，政府为所有国有企业提供隐性信贷担保，并不是有效的信贷支持方式，甚至在特定情况下，会对创新投资产生挤出效应。由于创新的不确定性、担保品等条件都优于高科技企业，非高科技国有企业创新往往有多元化的融资渠道，国有银行应该重点关注高科技国有企业的创新金融支持。部分高科技企业的创新活动有很强的外溢效应和很高的社会收益，但是因为私营银行和私营企业不考虑社会收益而导致其缺乏创新动力，因此由国有银行为高科技国有企业提供专项信贷支持是促进具有很强正外部性高科技企业创新最有效的方式。

（4）提升债权权利保护，强化银行债权融资在公司治理中的作用。不完全契约理论视角下，债务契约具有最佳的剩余控制权相机转移作用。当前中国的制度环境制约了企业剩余控制权的动态转移，完善债权保护的制度环境，硬化银行对企业的约束，强化债务契约的最佳控制权相机转移作用。强化银行债权融资在公司治理中的作用，使银行能够在再谈判过程中，更加有效地行使事后决策权，从而减少无效研发支出，提高企业绩效。提升债权权利保护，鼓励创新评估经验丰富的银行为创新企业提供更低价的贷款，事后更强势地干预企业研发支出。完善债权保护制度环境，使银行借贷成为企业创新重要的融资来源之一。

第三节　进一步研究方向

本书以不完全契约理论为视角，将银行业市场结构和产权结构纳入到统一分析框架，从理论和实证两个层面研究了银行业结构对企业创新的影响。结论表明在经济高速增长和金融非自由化背景下，银行拥有市场力量显著地促进了企业创新投资。在银行主导型金融体系中，银行凭借其在企业融资市场中的垄断力量，对企业“敲竹杠”，分享企业创新剩余，而经济的高速增长克服了“敲竹杠”问题可能带来的企业专项性投资不足的现象，使银行与企业共享经济高速增长的果实。

不容忽视的是，当前中国经济进入了新常态，经济增长由高速转向中高速。国家密集出台了大量措施来实现经济的可持续发展，以供给侧结构性改革为主线，旨在实现经济增长由要素驱动转向创新驱动。在此过程中，企业作为创新的“主力军”将发挥关键作用。随着利率市场化改革收官及民营银行市场准入开放，中国银行业将迈入自由竞争的新时期，这意味着银行在金融市场的地位将不断下降，金融自由化程度不断加深，企业创新的融资来源日益多元化，且支持企业创新的金融新业态将加速兴起。本书以银行业结构为研究对象，解析其对企业创新的影响，探索利率市场化改革的方向，但却未能将互联网金融等金融新业态纳入其中。在后续研究中，将对企业创新的金融支撑体系进行系统性研究，尤其是关注金融自由化背景下银行业结构对企业创新的影响。

与此同时，本书选取的数据样本为2007—2014年，利率市场化改革还未收官，若要对利率市场化改革的效果进行深刻评价，需要持续性地关注后续年份银行业结构变迁及企业创新的数据，以此来进行更为全面和系统的评价，这也是本书后续研究的重点方向。囿于数据，书中在实证分析中选取了Wind上市公司数据库的企业财务数据，虽然一定程度上能够代表中国企业来研究银行业结构变迁对企业创新的影响，但上市公司和非上市公司的融资约束状况和创新状况都存在较大差异，所以样本依旧具有一定的局限性。据此，在后续研究中，将通过典型地区的问卷调查，来搜集更为全面的企业数据样本，以第一手资料数据为基础来深化银行业结构对企业创新影响的研究，并从不同区域、不同公司类型等维度进行对标比较分析。

附　　录

附录 1　　全国性股份制银行间市场竞争度与均衡性检验

lnINTR	lnLE	lnFE	lnCE	lnRISK	lnAST	cons	$AdjR^2$	H	F（H=0）	F（H=1）	均衡性检验 F（E=0）
2007	0.1592** (2.48)	0.5144*** (7.96)	-0.1462 (-1.23)	0.7968*** (3.97)	1.0572*** (75.57)	-2.1839*** (-3.03)	0.9986	0.5274	11.42*** (0.0062)	9.17** (0.0115)	2.49 (0.1431)
2008	0.0095 (0.06)	0.3184** (2.5)	0.0579 (0.66)	0.5796*** (1.85)	1.0437*** (39.72)	-2.4458* (-2)	0.9970	0.3858	3.08 (0.107)	7.81** (0.0174)	1.23 (0.2901)
2009	0.2219* (2.11)	0.4453*** (4.68)	0.0314 (0.43)	0.0600 (0.28)	1.0194*** (67.9)	-0.7813 (-0.94)	0.9983	0.6987	22.64*** (0.0006)	4.21* (0.0647)	0.08 (0.7842)
2010	0.0486 (0.31)	0.3725** (2.5)	0.1787 (1.40)	0.7239*** (3.55)	1.0324*** (44.89)	-1.1610 (-1.04)	0.9959	0.5998	5.53** (0.0384)	2.46 (0.145)	2.59 (0.1357)
2011	0.0414 (0.29)	0.4694*** (3.12)	0.1740 (1.71)	0.5525** (2.23)	1.0248*** (31.08)	-0.7036 (-0.88)	0.9948	0.6848	7.91** (0.0169)	1.68 (0.2219)	0 (0.9622)
2012	-0.1847** (-2.52)	0.0167 (0.13)	0.1855** (2.42)	-0.0029 (-0.02)	0.9709*** (48.42)	-2.2441 (-3.26)***	0.9982	0.0176	0.01 (0.9314)	24.24*** (0.0005)	1.86 (0.1999)

续表

lnINTR	lnLE	lnFE	lnCE	lnRISK	lnAST	cons	AdjR²	H	F（H=0）	F（H=1）	均衡性检验 F（E=0）
2013	0.1367** (0.87)	0.5418** (2.89)	0.1994 (1.08)	0.5282** (2.83)	1.0042*** (22.59)	0.7323 (0.56)	0.9896	0.8780	8.71** (0.0132)	0.17 (0.6896)	2.01 (0.184)
2014	0.4390** (2.5)	0.6197*** (3.09)	-0.2796* (-2.12)	0.3803** (2.49)	1.0108*** (18.01)	-0.0537 (-0.05)	0.9925	0.7791	5.14** (0.0445)	0.41 (0.5335)	0.04 (0.8386)

注：①各变量系数下方括号内数值为对应的 t 值；②各 F 值下方括号内数值为对应的相伴概率；③ * 代表在 10%的水平显著，** 代表在 5%的水平显著，*** 代表在 1%的水平显著。

附录 2　　　　地区层面均衡性检验结果

地区	2007 年 F (E=0)	2008 年 F (E=0)	2009 年 F (E=0)	2010 年 F (E=0)	2011 年 F (E=0)	2012 年 F (E=0)	2013 年 F (E=0)	2014 年 F (E=0)
重庆	0.5 (0.4957)	3.5* (0.091)	0.42 (0.5316)	6.5** (0.0289)	0.63 (0.4447)	3.33* (0.0929)	0.7 (0.42)	2.35 (0.1513)
湖南	0.02 (0.882)	0.01 (0.9083)	0 (0.9696)	2.12 (0.1761)	1.61 (0.2311)	1.93 (0.1926)	0.02 (0.8994)	4.88** (0.0492)
湖北	1.56 (0.2426)	1.7 (0.2218)	0.95 (0.3539)	4.23* (0.0667)	0.54 (0.4759)	1.42 (0.2582)	0.95 (0.3509)	1.18 (0.3015)
河南	0.63 (0.4481)	0.8 (0.3983)	0.01 (0.9204)	14.99*** (0.0031)	2.32 (0.1589)	11.41*** (0.007)	0.17 (0.6929)	8.75** (0.013)
河北	0.04 (0.8547)	0.07 (0.8011)	0.84 (0.38390	3.18* (0.0998)	0.09 (0.7698)	0.69 (0.4169)	0.03 (0.864)	0.36 (0.5558)
安徽	0.89 (0.3725)	0.01 (0.9242)	1.72 (0.2219)	0.01 (0.9097)	0.2 (0.6688)	0.01 (0.926)	9.21** (0.0142)	1.66 (0.2291)
江西	5.58* (0.0561)	3.2 (0.1238)	0.78 (0.402)	4.76* (0.0606)	0.8 (0.3994)	0.41 (0.5418)	0.3 (0.5963)	1.03 (0.3361)
四川	0.07 (0.7959)	3 (0.1091)	0.53 (0.4785)	11.21*** (0.0048)	3.93* (0.0647)	12.41*** (0.0024)	2.54 (0.126)	4.98** (0.0385)
甘肃	0.77 (0.4135)	1.36 (0.2871)	0.9 (0.3798)	0.04 (0.8426)	0.02 (0.8804)	2.49 (0.1531)	3.35 (0.1045)	0.56 (0.4768)
山西	0.14 (0.7181)	0.21 (0.6577)	1.09 (0.327)	0.13 (0.7298)	2.74 (0.1323)	3.5* (0.0883)	1.68 (0.2197)	0.08 (0.7795)
陕西	0.34 (0.5731)	2.81 (0.1249)	0.29 (0.6017)	5.21** (0.0416)	0 (0.9933)	0.54 (0.4765)	1.74 (0.2123)	1.67 (0.2203)
贵州	1.7 (0.2496)	3.66 (0.114)	0.31 (0.5992)	0.82 (0.4014)	0 (0.9785)	0.08 (0.7946)	1.53 (0.2556)	1.69 (0.2342)
云南	1.84 (0.2084)	2.9 (0.1227)	3.46* (0.0958)	8.32** (0.0181)	0.11 (0.7441)	3.54* (0.0866)	1.66 (0.2239)	0.82 (0.3848)
广西	7.74*** (0.0388)	7.22** (0.0362)	3.2 (0.1116)	11.64*** (0.0092)	0.24 (0.6351)	0.22 (0.652)	1.64 (0.2368)	6.67** (0.0325)
内蒙古	7.63** (0.0246)	0.88 (0.376)	0.17 (0.689)	0.49 (0.5021)	0.06 (0.8153)	0.37 (0.5602)	5.12** (0.05)	0.26 (0.6211)
新疆	5.27* (0.0553)	1.24 (0.3027)	0.36 (0.5643)	1.76 (0.2268)	0.57 (0.474)	2.54 (0.1551)	0.31 (0.5924)	0.49 (0.5035)
浙江	3.11 (0.1011)	0.28 (0.6042)	0.36 (0.555)	0.04 (0.851)	0.11 (0.746)	0.79 (0.3853)	0.2 (0.6571)	0.96 (0.3387)
上海	0.05 (0.8344)	0.68 (0.426)	0.13 (0.7273)	0.22 (0.6456)	0.03 (0.8576)	0.42 (0.5308)	1.52 (0.2434)	0.27 (0.6162)

续表

地区	2007 年 F（E=0）	2008 年 F（E=0）	2009 年 F（E=0）	2010 年 F（E=0）	2011 年 F（E=0）	2012 年 F（E=0）	2013 年 F（E=0）	2014 年 F（E=0）
江苏	2.35 (0.1516)	0.47 (0.5062)	0.11 (0.7481)	2.7 (0.1244)	0.08 (0.7831)	0.02 (0.8973)	0.9 (0.3583)	2.46 (0.1377)
广东	2.28 (0.1624)	0.2 (0.6601)	0 (0.9788)	5.32* (0.0381)	2.75 (0.1198)	2.21 (0.158)	2.41 (0.1414)	2.62 (0.1262)
北京	7.24** (0.021)	1.49 (0.2455)	0.88 (0.3679)	5.31** (0.0398)	2.32 (0.1538)	1.21 (0.293)	0.23 (0.6398)	3.63* (0.0811)
山东	0.25 (0.625)	1.66 (0.2156)	0.17 (0.6863)	0.02 (0.8977)	1.67 (0.2124)	0.04 (0.8484)	0.16 (0.695)	0.73 (0.4017)
天津	0.16 (0.7013)	0.39 (0.5427)	0.73 (0.4107)	0.19 (0.6696)	0.65 (0.4364)	0.65 (0.4364)	0.87 (0.37)	1.25 (0.2872)
福建	4.54* (0.0527)	5.64** (0.0336)	2.79 (0.1228)	6.6** (0.0246)	0.41 (0.5316)	0.35 (0.563)	3.28* (0.0918)	0.01 (0.9279)
黑龙江	1.56 (0.2586)	0.92 (0.375)	0.65 (0.4501)	1.37 (0.2859)	0.13 (0.7317)	0.34 (0.5763)	0.42 (0.5352)	4.98* (0.0609)
吉林	6.76** (0.0407)	3.3 (0.1192)	0.3 (0.5981)	1.15 (0.3189)	0.04 (0.8422)	0.26 (0.6291)	1 (0.3501)	4.12* (0.0819)
辽宁	2.36 (0.1503)	5.34** (0.0379)	2.42 (0.1459)	5.03** (0.0417)	7.75** (0.0127)	1.43 (0.2476)	0.24 (0.6307)	2.77 (0.1123)
海南	0.07 (0.8016)	1.96 (0.2202)	0.43 (0.5389)	3.41 (0.1242)	0.14 (0.7275)	3.81 (0.1086)	0.37 (0.5682)	0.37 (0.5689)

注：①各 F 值下方括号内数值为对应的相伴概率；②*代表在 10%的水平显著，**代表在 5%的水平显著，***代表在 1%的水平显著。

附录 3　　四大国有商业银行前五大股东结构表

银行名称	股东名称	股东性质	持股比例	银行名称	股东名称	股东性质	持股比例
工商银行	汇金公司	国家	35.12%	建设银行	汇金公司	国家	57.26%
	财政部	国家	34.88%		香港中央结算（代理人）有限公司	境外法人	30.46%
	香港中央结算（代理人）有限公司	境外法人	24.51%		淡马锡	境外法人	5.79%
	中国平安人寿保险股份有限公司	其他内资	1.27%		国家电网	国有法人	1.08%
	工银瑞信基金	其他内资	0.3%		宝钢集团	国有法人	0.90%

续表

银行名称	股东名称	股东性质	持股比例	银行名称	股东名称	股东性质	持股比例
中国银行	中央汇金	国家	65.52%	农业银行	中央汇金公司	国家	40.28%
	香港中央结算（代理人）有限公司	境外法人	28.29%		财政部	国家	39.21%
	The Bank of Tokyo-Mitsubishi UFJ Ltd	境外法人	0.18%		香港中央结算（代理人）有限公司	境外法人	9.04%
	香港中央结算有限公司	境外法人	0.09%		社保基金理事会	国家	3.02%
	全国社保基金一零八组合	其他	0.07%		中国平安人寿保险股份有限公司	其他内资	1.48%

资料来源：根据2014年四大商业银行的年报整理。

参考文献

Acharya V. V. , Amihud Y. , Litov L. P. "Creditor Rights and Corporate Risk-Taking", *Journal of Financial Economics*, 2009, 102 (1): 150-166.

Acharya V. V. , "Subramanian K. Bankruptcy Codes and Innovation", *Review of Financial Studies*, 2007, 22 (12): 4949-4988.

Aghion P. , Banerjee A. , Angeletos G. , Manova K. , "Volatility and Growth: Credit Constraints and Productivity-Enhancing Investment", NBER, 2005, *Working Paper*.

Aghion P. , Bolton P. , "An Incomplete Contracts Approach to Financial Contracting ", *Review of Economic Studies*, 1992, 59 (3): 473-494.

Ahn S. , Denis D. J. , Denis D. K. , "Leverage and Investment in Diversified firms", *Journal of Financial Economics*, 2006, 79 (2): 317-337.

Aivazian V. , Ge Y. , Qiu J. , "The Impact of Leverage on Firm Investment: Canadian Evidence ", *Journal of Corporate Finance*, 2005, 11 (1): 277-291.

Alchian A. A. , Demsetz H. , " Production, Information Costs and Economic Organization ", *American Economic Review*, 1972, 62 (51): 777-795.

Allen F. , Gale D. , "Comparing Financial Systems", *Cambridge*, *MA*: *MIT Press*, 2000.

Allen F. , Qian J. , Qian M. , "Law, Finance, and Economic Growth in China", *Journal of Financial Economics*, 2004, 77 (1): 57-116.

Altunbas Y. , Evans L. , Molyneux P. , " Bank Ownership and Efficiency", *Journal of Money, Credit and Banking*, 2001, 33 (4): 926-954.

Amore M. D. , Schneider C. , Žaldokas A. , "Credit Supply and Corporate Innovation", *Journal of Financial Economics*, 2013, 109 (3): 835-855.

Andrianova S. , Demetriades P. , Shortland A. , *Is Government Ownership of Banks Really Harmful to Growth*, 2010, 10. 2139/ssrn. 1633841.

Atanassov J. , Nanda V. , Seru A. , "Finance and Innovation: The Case of Publicly Traded Firms", 2005, *Discussion Paper*, 10. 2139/ssrn. 740045.

Atkinson A. B. , Stiglitz J. E. , *Lectures on Public Economics*, England: McGraw Hill, 1980.

Ayyagari M. , Demirguckunt A. , Maksimovic V. , et al. , "Formal Versus Informal Finance: Evidence from China", *Review of Financial Studies*, 2008, 23 (8): 3048-3097.

Ayyagari M. , Demirguckunt A. , Maksimovic V. , "Firm Innovation in Emerging Markets", World Bank, 2006, *Working Paper.*

Bailey W. , Huang W. , Yang Z. , "Bank Loans with Chinese Characteristics: Some Evidence on Inside Debt in a State-Controlled Banking System", *Journal of Financial and Quantitative Analysis*, 2012, 46 (6): 1795-1830.

Baltensperger E. , "Credit Rationing: Issues and Questions", *Journal of Money, Credit and Banking*, 1978, 10 (2): 170-183.

Banerjee A. , "A Theory of Misgovernance", *Quarterly Journal of Economics*, 1997, 112 (4): 1289-1332.

Barbara C. , Claudia G. , "Competition Issues in European Banking", *Journal of Financial Relation and Compliance*, 2009, 17 (2): 119-133.

Barth J. R. , Caprio G. , Levine R. , *Rethinking Bank Regulation*, Cambridge University Press, 2006.

Beck T. , Demirguckunt A. , Maksimovic V. , "Financing Patterns around the World: Are Small Firms Different?", *Journal of Financial Economics*, 2008, 89 (3): 467-487.

Beck T. , Levine R. , Loayza N. , "Finance and the Sources of Growth", *Journal of Financial Economics*, 2000, 58 (1): 261-300.

Beck T. , Levine R. , "Stock Markets, Banks, and Growth: Panel Evidence", *Journal of Banking and Finance*, 2004, 28 (3): 423-442.

Beck T. , "Financial Development and International Trade", *Review of In-*

ternational Economics, 2003, 11 (2): 296-316.

Bencivenga V. R., Smith B. D., Starr R. M., "Transaction Costs, Technological Choice and Endogenous Growth", *Journal of Economic Theory*, 1995, (67): 153-177.

Beneish M. D., Press E., "Costs of Technical Violation of Accounting-based debt Covenants", *Accounting Review*, 1993, 68 (2): 233-257.

Benfratello L., Schiantarelli F., Sembenelli A., "Banks and Innovation: Microeconometric Evidence on Italian Firms", *Journal of Financial Economics*, 2008, 90 (2): 197-217.

Benfratello L., Schiantarelli F., Sembenelli A., "Banks and Innovation: Microeconometric Evidence on Italian Firms", *Journal of Financial Economics*, 2008, 90 (2): 197-217.

Bergemann D., Hege U., "The Financing of Innovation: Learning and Stopping ", *The Rand Journal of Economics*, 2005, 36 (4): 719-752.

Berger A. N., Clarke G. R., Cull R., et al., "Corporate governance and Bank Performance: A Joint Analysis of the Static, Selection, and Dynamic Effects of Domestic, Foreign, and Stateownership", *Journal of Banking & Finance*, 2005, 29 (8): 2179-2221.

Berger A. N., Hasan I., Zhou M., "Bank Ownership and Efficiency in China: What Will Happen in The World's Largest Nation?", *Journal of Banking and Finance*, 2006, 33 (1): 113-130.

Berger A. N., Udell G. F., "Relationship Lending and Lines of Credit in Small Firmfinance", *Journal of Business*, 1995, 68 (3): 351-381.

Berger A. N., Udell G. F., "Small Business Credit Availability and Relationship Lending: The Importance of Bank Organizational Structure", *The Economic Journal*, 2002, 112 (47): 32-53.

Berger A. N., Udell G. F., "The Economics of Small Business Finance: the roles of Private Equity and Debt Markets in the Financial Growth Cycle", *Journal of Banking and Finance*, 1998, 22 (6): 613-673.

Bertrand M., Schoar A., Thesmar D., "Banking Deregulation and Industry Structure: Evidence from the French Banking Reforms of 1985", *Journal of Finance*, 2007, LX (2): 597-628.

Besanko D., Thakor A. V., "Banking Deregulation: Allocational Consequences of Relaxing Entry Barriers", *Journal of Banking & Finance*, 1992, 16 (5): 909-932.

Bester H., "The Role of Collateral in Credit Markets with Imperfect Information", *European Economic Review*, 1987, 31 (4): 881-899.

Bester H. Screening vs., "Rationing in Credit Markets with Imperfect Information", *The American Economic Review*, 1985, 75 (4): 850-855.

Bhabra H., Liu T., Tirtiroglu D., "Capital Structure Choice in a Nascent Market: Evidence from Listed Firms in China", *Financial Management*, 2008, 37 (2): 341-364.

Bhagat S., Welchi I., "Corporate Research and Development Investments: Internation Alcomparisons", *Journal of Accounting and Economics*, 1995, 19 (2): 443-470.

Bhattacharya S., Chiesa G., "Proprietary Information, Financial Intermediation, and Research Incentives", *Journal of Financial Intermediation*, 1995, 4 (4): 328-357.

Bhattacharya S., Ritter J. R., "Innovation and Communication: Signalling with Partialdisclosure", *Review of Economic Studies*, 1983, 50 (2): 331-346.

Bikker J. A., Haaf K., "Competition, Concentration and Their Relationship: An Empirical Analysis of the Banking Industry", *Journal of Banking & Finance*, 2002, 26: 2191-2214.

Bikker J. A., Spierdijk L., Finnie P., "The Impact of Market Structure, Contestability and Institutional Environment on Banking Competition", DNB, 2007, Working Paper, No. 156.

Bolton P., "Corporate Finance, Incomplete Contracts, and Corporate Control", *Journal of Law Economics & Organization*, 2014, 30 (1): 164-181.

Bond S., Harhoff D., Van Reenen J., "Investment, R&D and Financial Constraints in Britain and Germany", Institute for Fiscal Studies, 2003, Working Paper, No. 99/5.

Bonin J., Hasan I., Wachtel P., "Bank Performance, Efficiency and

Ownership in Transition Countries", *Journal of Banking and Finance*, 2004, 29 (1): 31-53.

Boot A., Thakor A., "Can Relationship Banking Survive Competition?", *Journal of Finance*, 2000, (55): 679-713.

Boot A. W., Greenbaum S. I., Thakor A. V., "Reputation and Discretion in Financial Contracting", *The American Economic Review*, 1993, 83 (5): 1165-1183.

Booth L., Aivazian V., Demirguckunt A., Maksimovic V., "Capital Structures in Developing Countries", *Journal of Finance*, 2001, 56 (1): 87-130.

Boubakri N., Cosset J., Saffar W., "Political Connections of Newly Privatized Firms", *Journal of Corporate Finance*, 2008, 14 (5): 654-673.

Brandt L., Li H., "Bank Discrimination in Transition Economies: Ideology, Information or Incentives?", *Journal of Comparative Economics*, 2002, 31 (3): 387-413.

Brandt L., Li H. B., "Bank Discrimination in Transition Economies: Ideology, Information or Incentives?", *Journal of Comparative Economics*, 2003, 31 (3): 387-413.

Broecker, T., "Credit-worthiness Tests and Interbank Competition", *Econometrica*, 1990, 58 (2): 429-452.

Brown J. R., Fazzari S. M., Petersen B. C., "Financing Innovation and Growth: Cash Flow, External Equity and the 1990s R&D Boom", *Journal of Finance*, 2009, LXIV (1): 151-185.

Brown J. R., Martinsson G., Petersen B. C., "Do Financing Constraints Matter for R&D?", *European Economics Review*, 2011, 56 (8): 1512-1529.

Burgess R., Pande R., "Do Rural Banks Matter? Evidence from the Indian Social Banking Experiment", *The American Economic Review*, 2003, 95 (3): 780-795.

Canepa A., Stoneman P., "Financial Constraints to Innovation in the UK and other European Countries: Evidence from CIS2 and CIS3", CIS User Group Conference Working Paper, London: DTI Conference Center, 2003.

Canepa A., Stoneman P., "Financing Constraints in the Inter Firm Diffusion of new Process Technologies", *Journal of Technology Transfer*, 2005, 30 (1/2): 159-169.

Carbo Valverde S., Rodriguez Fernandez F., Udell G. F., "Bank Market Power and SME Financing Constraints", *Review of Finance*, 2009, 13 (2): 309-340.

Carlin W., Mayer C., "Finance, Investment, and Growth", *Journal of Financial Economics*, 2003, 69 (1): 191-226.

Casson P. D., Martin R., Nisar T. M., et al., "The Financing Decisions of Innovativefirms", *Research in International Business and Finance*, 2008, 22 (2): 208-221.

Casu B., Girardone C., "Bank Competition, Concentration and Efficiency in the Single European Market", *The Manchester School*, 2006, (74): 441-468.

Cestone G., White L., "Anti-competitive Financial Contracting: The Design of Financial Claims", *Journal of Finance*, 2003, 58: 2109- 2142.

Cetorelli N., Strahan P. E., "Finance as a Barrier to Entry: Bank Competition and Industry Structure in Local U. S. Markets", *Journal of Finance*, 2006, 61 (1): 437-461.

Chakraborty S., Ray T., "Bank-based versus Market-based Financial systems: A growth-theoretic Analysis", *Journal of Monetary Economics*, 2006, 53 (2): 329-350.

Chava S., Oettl A., Subramanian A., et al., "Banking Deregulation and Innovation", *Journal of Financial Economics*, 2013, 109 (3): 759-774.

Chava S., Roberts M., "How Does Financing Impact Investment? The Role of Debt Covenants", *Journal of Finance*, 2008, 63 (5): 2085-2121.

Chava S., Roberts M., "How Does Financing Impact Investment? The Role of Debt Covenants", *Journal of Finance*, 2007, 63 (5): 2085-2121.

Chen K., Wei K., "Creditors' Decisions to Waive Violations of Accounting-based Debt Covenants", *The Accounting Review*, 1993, 68 (2): 218-232.

Chong T. T., Lu L., Ongena S., "Does Banking Competition Alleviate or Worsen Credit Constraints Faced by Small- and Medium-sized Enterprises? Evidence from China", *Journal of Banking and Finance*, 2013, 37 (9): 3412-3424.

Chow C. K., Fung M. K., "Ownership Structure, Lending Bias, and Liquidity Constraints: Evidence from Shanghai's Manufacturing Sector", *Journal of Comparative Economics*, 1998, 26 (2): 301-316.

Chung K. H., Wright P., "Corporate Policy and Market Value: A Theory Approach", *Review of Quantitative Finance and Accounting*, 1998, 11 (3): 293-310.

Claessens S., Laeven L., "What Drives Bank Competition? Some International Evidence", *Journal of Money, Credit and Banking*, 2004, 36 (3): 563-583.

Cull R., Xu L. C., "Who gets credits? the Behavior of Bureaucrats and State Banks in Allocating Credit to Chinese State-owned Enterprises", *Journal of Development Economics*, 2003, 71 (2): 533-559.

Degryse H., Ongena S., "The Impact of Competition on Bankorientation", *Journal of Financial Intermediation*, 2007, 16 (3): 399-424.

Deidda L. G., Fattouh B., "Non - linearity between Finance and Growth", *Economics Letters*, 2002, 74 (3): 339-345.

Demirguckunt A., Maksimovic V., "Institutions, Financial Markets, and Firm Debt Maturity", *Journal of Financial Economics*, 1999, 54 (3): 295-336.

Denis D. J, Wang J., "Debt Covenant Renegotiations and Creditor Control Rights", *Journal of Financial Economics*, 2013, 113 (3): 348-367.

Denis D. J., Denis D. K., "Managerial Discretion, Organizational Structure, and Corporate Performance: a Study of Leveraged Recapitalizations", *Journal of Accounting and Economics*, 1993, 16 (1): 209-236.

Dewatripont M., Maskin E., "Credit and Efficiency in Centralized and Decentralized Economies", *Review of Economic Studies*, 1995, 62 (4): 541-555.

Dewatripont M. , Tirole J. , "A Theory of Debt and Equity: Diversity of Securities and Manager-Shareholder Congruence", *Quarterly Journal of Economics*, 1994, 109 (4): 1027-1054.

Diamond D. , Rajan R. , "Liquidity Risk, Liquidity Creation and Financial Fragility: a Theory of Banking", *Journal of Political Economy*, 2001, 109 (2): 287-327.

Diamond D. , "Presidential Address, Committing to Commit: Short-term Debt When Enforcement is Costly", *Journal of Finance*, 2004, 59 (4): 1447-1479.

Diamond D. W. , "Financial Intermediation and Delegated Monitoring", *Review of Economic Studies*, 1984, 51 (3), 393-414.

Dinc I. S. , "Politicians and Banks: Political Influences on Government-owned Banks in Emerging markets", *Journal of Financial Economics*, 2005, 77 (2): 453-479.

Dong X. , Putterman L. , "Soft Budget Constraints, Social Burdens, and Labor Redundancy in China's State Industry", *Journal of Comparative Economics*, 2003, 31 (1): 110-133.

Fama E. F. , "Agency Problems and The Theory of the Firm", *Journal of Political Economy*, 1980, (88): 288-370.

Fazzari S. M. , Hubbard R. G. , Petersen B. C. , et al. , "Financing Constraints and Corporate Investment", *Brookings Papers on Economic Activity*, 1988, 19 (1): 141-206.

Fernandez D. E. , Maudos Guevara. , "Explanatory Factors of Market Power in the Banking System", *The Manchester School*, 2007, 75 (3): 275-296.

Ferraris L. , Minetti R. , "Foreign Lenders and the Realsector", *Journal of Money, Credit and Banking*, 2007, 39 (4): 945-964.

Firth M. , Lin C. , Wong S. , "Leverage and Investment under a State-owned Bank Lending Environment: Evidence from China", *Journal of Corporate Finance*, 2008, 14 (5): 642-653.

Fu X. Q. , "Competition in Chinese Commercial Banking", *Banking and Finance Review*, 2009 (1): 1-16.

Fudenberg D., Tirole J., "Moral Hazard and Renegotiation in Agencycontracts", *Econometrica*, 1990, 58 (6): 1279-1319.

Ge Y., Qiu J. P., "Financial Development, Bank Discrimination and Trade Credit", *Journal of Banking and Finance*, 2007, 31 (2): 513-530.

Gelos R. G., Roldos J. E., "Consolidation and Market Structure in Emerging Market Banking Systems", *Emerging Markets Review*, 2004, 5 (1): 39-59.

Giannetti M., "Do better Insitutions Mitigate Agency Problems? Evidence from Corporate Finance Choices", *Journal of Financial and Quantitative Analysis*, 2003, 38 (1): 185-212.

Gorodnichenko Y., Schnitzer M., "Financial Constraints and Innovation: Why Poor Countries Don't Catch Up?", *Journal of the European Economic Association*, 2010, 11 (5): 1115-1152.

Greenbaum S. I., Kanatas G., Venezia I., "Equilibrium Loan Pricing under the Bank-client Relationship", *Journal of Banking and Finance*, 1989, 13 (2): 221-235.

Greenwald B. C., Stiglitz J. E., "Externalities in Economies with Imperfect Information and Incomplete Markets", *Quarterly Journal of Economics*, 1986, 101 (2): 229-264.

Grigorian D., Manole V., "Determinants of Commercial Bank Performance in Transition An Application of Data Envelopment Analysis", *Comparative Economic Studies*, 2002, 48 (3): 1-40.

Grossman S. J., Hart O., "Implicit Contracts under Asymmetric Information", *Quarterly Journal of Economics*, 1983, 98: 123-156.

Grossman S. J., Hart O., "The Costs and Benefits of Ownership: A Theory of Vertical and Lateral Integration", *Journal of Political Economy*, 1986, 94 (4): 691-719.

Guariglia A., Liu P., "To What Extent do Financing Constraints Affect Chinese Firms' Innovation Activities?", *International Review of Financial Analysis*, 2014, 36: 223-240.

Guzman M. G. Bank Structure., "Capital Accumulation and Growth: A Simple Macroeconomic Model", *Economic Theory*, 2000, 16 (2):

421-455.

Harhoff D. , "Are there Financing Constraints for R&D and Investment in German Manufacturing Firms?", *Annales d' Economie et de Statistique*, 1997, 49/50: 421- 456.

Hart O. , Moore J. , "Property Rights and Nature of the Firm", *Journal of Political Economy*, 1990, 98 (6): 1119-1158.

Hart O. , Shleifer A. , Vishny R. W. , "The Proper Scope of Government: Theory and an Application to Prisons", *The Quarterly Journal of Economics*, 1997, 112 (4): 1127-1161.

Hart O. , Tirole J. , "Contract Renegotiation and Coasian Dynamics", *The Review of Economic Studies*, 1988, 55 (4): 509-540.

Haselmann R. , Wachtel P. , "Institutions and Bank Behavior: Legal Environment, Legal Perception, and the Composition of Bank Lending", *Journal of Money, Credit and Banking*, 2010, 42 (5): 965-984.

Hauswald R. , Marquez R. , "Competition and Strategic Information Acquisition in Credit Markets", *Review of Financial Studies*, 2006, 19 (3): 967-1000.

Hellmann T. F. , Murdock K. C. , Stiglitz J. E. Liberalization, "Moral Hazard in Banking and Prudential Regulation: Are Capital Requirements Enough?", *American Economic Review*, 2000, 90 (1): 147-165.

Herrera A. M. , Minetti R. , "Informed Finance and Technological Change: Evidence from Credit Relationships", *Journal of Financial Economics*, 2007, 83 (1): 223-269.

Himmelberg C. P. , Petersen B. C. , "R&D And Internal Finance: A Panel Study of Small Firms in High-Tech Industries", *The Review of Economics and Statistics*, 1994, 76 (1): 38-51.

Holmstrom B. , "Moral Hazard and Obesrvability", *Bell Journal of Economics*, 1979, 13: 324-340.

Hsu P. H. , Tian X. , Xu Y. , "Financial Development and Innovation: Cross country Evidence", *Journal of Financial Economics*, 2013, 112 (1): 116-135.

Hu A. G. , Jefferson G. H. , "A Great wall of Patents: What is behind

China's Recent Patent Explosion?", *Journal of Development Economics*, 2009, 90 (1): 57-68.

Huang G., Song F. M., "The Determinants of Capital Structure: Evidence from China", *China Economic Review*, 2002, 17 (1): 14-36.

Jensen M., Meckling W., "Theory of the Firm: Managerial Behavior, Agency Costs and Ownership Structure", *Journal of Financial Economics*, 1976, (3): 305-360.

Jiang W., Zeng Y., "State Ownership, Bank Loans, and Corporate Investment", *International Review of Economics & Finance*, 2014, 32: 92-116.

Kang J., Stulz R. M., "Do Banking Shocks Affect Borrowing Firm Performance? An Analysis of the Japanese Experience", *The Journal of Business*, 2000, 73 (1): 1-23.

Kenneth Y. H., Adarn B. J., "Effect of Liquidity on Firms' R&D Spending", *Economics of Innovation and New Technology*, 1993, 2 (4): 275-282.

Khwaja A., Mian A., "Do Lenders Favor Politically Connected Firms? Rent Provision in an Emerging Financial Market", *Quarterly Journal of Economics*, 2005, 120 (4): 1371-1411.

Kim W., Weisbach M. S., "Motivations for Public Equity Offers: An International Perspective", *Journal of Financial Economics*, 2008, 87 (2): 281-307.

King R. G., Levine R., "Finance and Growth: Schumpeter Might Be Right", *The Quarterly Journal of Economics*, 1993, 108 (3): 717-737.

King R. G., Levine R., "Finance, Entrepreneurship and Growth: Theory and Evidence", *Journal of Monetary Economics*, 1993, 32 (3): 513-542.

Körner T., Schnabel I., "Public Ownership of Banks and Economic Growth - The Role of Heterogeneity", *Economics of Transition*, 2011, 19 (3): 407-441.

La Fuente A. D., Marin J. M., "Innovation, Bank Monitoring, and Endogenous Financial Development", *Journal of Monetary Economics*, 1996, 38 (2): 269-301.

La Porta R., Lopezdesilances F., Shleifer A. Government Ownership of banks", *Journal of Finance*, 2002, 57 (1): 265-301.

Lang L., Ofek E., Stulz R. M., "Leverage, Investment and Firm Growth", *Journal of Financial Economics*, 1996, 40: 3-29.

Lau L. J., "On Identifying the Degree of Competitiveness from Industry Price and Output Data", *Economics Letters*, 1982, 10 (1-2): 93-99.

Leon F., "Does Bank Competition Alleviate Credit Constraints in Developing Countries?", *Journal of Banking & Finance*, 2015, 57 (8): 130-142.

Levine R., "Financial Development and Economic Growth: Views and Agenda", *Journal of Economic Literature*, 1997, 35: 688-726.

Li K., Yue H., Zhao L., "Ownership, Institutions, and Capital Structure: Evidence from Chinese Firms", *Journal of Comparative Economics*, 2009, 37: 471-490.

Lin J. Y., Tan G., "Policy Burdens, Accountability, and the Soft Budget Constraint", *The American Economic Review*, 1999, 89 (2): 426-431.

Love I., Peria M. S., "How Bank Competition Affects Firms' Access to Finance", *World Bank Economic Review*, 2012, 29 (3): 413-448.

Love I., "Financial Development and Financing Constraints: International Evidence from the Structural Investment Model", *Review of Financial Studies*, 2001, 16 (3): 765-791.

Lummer S. L., Mcconnell J. J., "Further Evidence on the Bank Lending Process and the Capital Market Response to Bank Loan Agreements", *Journal of Financial Economics*, 1989, 25 (1): 99-122.

Marquez R., "Competition, Adverse Selection, and Information Dispersion in the Banking Industry", *Review of Financial Studies*, 2002, 15 (3): 901-926.

Micco A., Panizza U., "Bank Ownership and Lending Behavior", *Economics Letters*, 2006, 93 (2): 248-254.

Molyneux P., Lloyd - Williams D. M, Thornton J., "Competitive Conditions in European Banking", *Journal of Banking and Finance*, 1994, 18

(3)：445-459.

Morck R.，Nakamura M.，"Banks and Corporate Control in Japan"，*Journal of Finance*，1999，54 (1)：319-339.

Myers S. S. C.，"The Capital Structure Puzzle"，*Journal of Finance*，1984，(39)：575-592.

Nanda R.，Rhodeskropf M.，"Investment Cycles and Startup Innovation"，*Journal of Financial Economics*，2012，110 (2)：403-418.

Nathan A.，Neave E. H.，"Competition and Contestability in Canada's Financial System：Empirical Results"，*Canadian Journal of Economics*，1989，22 (3)：576-594.

Nichols A.，"Elasticity of Capital Supply and Second Order Conditions：Comment"，*The Journal of Finance*，1967，22 (4)：665-667.

Nini G.，Smith D.，Sufi A.，"Creditor Control Rights and Firm Investment policy"，*Journal of Financial Economics*，2009，92 (3)：400-420.

Nini G.，Smith D.，Sufi A.，"Creditor Control Rights，Corporate Governance，and Firm Value"，*Review of Financial Studies*，2012，25：1713-1761.

Ohara M.，"Property Rights and the Financial Firm"，*Journal of Law and Economics*，1981，24 (2)：317-332.

Ongena S.，Smith D. C.，"The Duration of Bank Relationships"，*Journal of Financial Economics*，2001，61 (3)：449-475.

Opler T. C.，Titman S.，"The Determinants of Leveraged Buyout Activity：Free Cash Flow vs. Financial Distress Costs"，*Journal of Finance*，1993，48 (5)：1985-1999.

Panzar J. C.，Rosse J. N.，"Testing for Monopoly Equilibrium"，*Journal of Industrial Economics*，1987，35 (4)：443-456.

Park A.，Sehrt K.，"Tests of Financial Intermediation and Banking Reform in China"，*Journal of Comparative Economics*，2001，29 (4)：608-644.

Patti E. B.，Dellariccia G.，"Bank Competition and Firm Creation"，*Journal of Money，Credit and Banking*，2004，36 (2)：225-251.

Petersen M., Rajan R., "The Benefits of Lending Relationships: Evidence from Small Business Data", *Journal of Finance*, 1994, (XLIX): 3-37.

Petersen M., Rajan R., "The Benefits of Rirm-creditor Relationships: Evidence from Small Business Data", *Journal of Finance*, 1994, 49 (1): 3-37.

Poncet S., Steingress W., Vandenbussche H., "Financial Constraints in China: Firm-level Evidence", *China Economic Review*, 2010, 21 (3): 411-422.

Qian J., Strahan P., "How Laws and Institutions Shape Financial Contracts: the Case of Bank Loans", *Journal of Finance*, 2007, 62 (6): 2803-2834.

Rajan R. G., Zingales L., "Financial Dependence and Growth", *American Economic Review*, 1998, 88 (3): 559-586.

Rajan, R., Zingales L., "The Firm as a Dedicated Hierarchy: A Theory of the Origins and Growth of Firms", *The Quarterly Journal of Economics*, 2001, 116 (3): 805-851.

Roberts M., Sufi A., "Control Rights and Capital Structure: An Empiricalin Vestigation", *Journal of Finance*, 2009a, 64 (4): 1657-1695.

Roberts M., Sufi A., "Renegotiation of Financial Contracts: Evidence from Private Credit Agreements", *Journal of Financial Economics*, 2009b, 93 (2): 159-184.

Ryan R. M., Otoole C. M., Mccann F., "Does Bank Market Power Affect SME Financing Constraints?", *Journal of Banking & Finance*, 2014, 49 (12): 495-505.

Saintpaul G., "Technological Choice, Financial Markets and Economic Development", *European Economic Review*, 1992, 36 (4): 763-781.

Samila S., Sorenson O., "Venture Capital, Entrepreneurship, and Economic Growth", *Review of Economics and Statistics*, 2011, 93 (1): 338-349.

Sapienza, P., "The Effects of Government Ownership on Bank Lending", *Journal of Financial Economics*, 2004, 72 (2): 357-384.

Saunders A., Steffen S., "The Costs of Being Private: Evidence from the Loan Market", *Review of Financial Studies*, 2011, 24 (12): 4091-4122.

Saunders A., Strock E., Travlos N. G., "Ownership Structure, Deregulation, and Bank Risk Taking", *Journal of Finance*, 1990, 45 (2): 643-654.

Schenone C., "Lending Relationships and Information Rents: Do Banks Exploit Their Information Advantages?", *Review of Financial Studies*, 2009, 23 (3): 1149-1199.

Seifert B., Gonenc H., "Creditor Rights and R&D Expenditures", *Corporate Governance: An International Review*, 2012, 20 (1): 3-20.

Sharpe S. A., "Asymmetric Information, Bank Lending, and Implicit Contracts: A Stylized Model of Customer Relationships", *Journal of Finance*, 1990, 45 (4): 1069-1087.

Shen Y., Shen M., Xu Z., Bai Y., "Bank Size and Small and Medium-sized enterprises (SME) Lending: Evidence from China", *World Development*, 2009, 37 (4): 800-811.

Shleifer A., Vishny R. W., "Large Shareholders and Corporate Control", *Journal of Political Economy*, 1986, 94 (3): 461-488.

Shleifer A., Vishny R. W., "Politicians and Firms", *Quarterly Journal of Economics*, 1994, 109 (4): 995-1025.

Stiglitz J. E., Weiss A., "Credit Rationing in Markets with Imperfect Information", *The American Economic Review*, 1981, 71 (3): 393-410.

Tadesse S., "Financial Architecture and Economic Performance: International Evidence", *Journal of Financial Intermediation*, 2002, 11 (4): 429-454.

Tirole J., "Incomplete Contracts: Where Do We Stand?", *Econometrica*, 1999, 67 (4): 741-781.

Tulkens H., "On FDH Efficiency Analysis: Some Methodological Issues and Applications to Retail Banking, Courts, and Urban Transit", *Journal of Productivity Analysis*, 1993, 4 (1): 183-210.

Ueda M., "Banks Versus Venture Capital: Project Evaluation, Screening, and Expropriation", *Journal of Finance*, 2004, 59 (2):

601-621.

Weinstein D. E., Yafeh Y., "On the Costs of a Bank-centered Financial system: Evidence from the Changing Main Bank Relations in Japan", *The Journal of Finance*, 1998, 53 (2): 635-672.

Xiao S., Zhao S., "Financial Development, Government Ownership of Banks and Firm Innovation", *Journal of International Money and Finance*, 2011, 31 (4): 880-906.

Yosha O., "Information Disclosure Costs and the Choice of Financing Source", *Journal of Financial Intermediation*, 1995, 4 (1): 3-20.

Yuan Y., "The State of Competition of the Chinese Banking Industry", *Journal of Asian Economics*, 2006, 17 (3): 519-534.

蔡卫星、曾诚：《市场竞争、产权改革与商业银行贷款行为转变》，《金融研究》2012 年第 2 期。

陈志俊：《不完全契约理论前沿评述》，《经济学动态》2000 年第 1 期。

戴静、张建华：《金融所有制歧视、所有制结构与创新产出——来自中国地区工业部门证据》，《金融研究》2013 年第 5 期。

邓可斌、曾海舰：《中国企业的融资约束：特征现象与成因检验》，《经济研究》2014 年第 2 期。

傅利福、韦倩、魏建：《银行业的集中与竞争：一个分析框架和实证检验》，《经济学家》2015 年第 4 期。

高志：《中国金融结构调整的经济效应研究》，博士学位论文，安徽大学，2014 年。

贺小海、刘修岩：《中国银行业结构影响因素的实证研究》，《财经研究》2008 年第 5 期。

何贤杰、朱红军、陈信元：《政府的多重利益驱动与银行的信贷行为》，《金融研究》2008 年第 6 期。

黄国平、孔欣欣：《金融促进科技创新政策和制度分析》，《中国软科学》2009 年第 2 期。

黄隽：《银行竞争与银行数量关系研究——基于韩国、中国、中国台湾的数据》，《金融研究》2007 年第 7 期。

纪洋、徐建炜、张斌：《利率市场化的影响、风险与时机——基于利率双轨制模型的讨论》，《经济研究》2015 年第 1 期。

贾春新：《国有银行与股份制银行资产组合配置的差异研究》，《经济研究》2007 年第 7 期。

解维敏、方红星：《金融发展、融资约束与企业研发投入》，《金融研究》2011 年第 5 期。

蒋海、廖志芳：《银行业竞争与中小企业融资约束》，《广东财经大学学报》2015 年第 6 期。

金玲玲、朱元倩、巴曙松：《利率市场化对商业银行影响的国际经验及启示》，《农村金融研究》2012 年第 1 期。

雷震、彭欢：《银行业市场结构与中小企业的生成：来自中国 1995—2006 年的证据》，《世界经济》2010 年第 3 期。

李国栋、陈辉发：《我国银行业市场竞争度估计不一致检验与实证——基于 Panzar-Rosse 模型的一个讨论》，《数量经济技术经济研究》2012 年第 6 期。

李华民：《寡头均衡、绩效改善与金融稳定——中国银行业结构变迁的政策取向》，《金融研究》2005 年第 8 期。

李连发、辛晓岱：《外部融资依赖、金融发展与经济增长：来自非上市企业的证据》，《金融研究》2009 年第 2 期。

林毅夫、李志赟：《政策性负担、道德风险与预算软约束》，《经济研究》2004 年第 2 期。

林毅夫、孙希芳：《银行业结构与经济增长》，《经济研究》2008 年第 9 期。

林毅夫、徐立新：《金融结构与经济发展相关性的最新研究进展》，《金融监管研究》2012 年第 3 期。

梁益玲：《创新型中小企业成长、融资约束与信贷策略研究》，博士学位论文，山东大学，2012 年。

凌江怀、李颖：《基于企业类型和融资来源的技术创新效率比较研究——来自广东省企业面板数据的经验分析》，《华南师范大学学报》（社会科学版）2010 年第 6 期。

梁琪、余峰燕：《金融危机、国有股权与资本投资》，《经济研究》2014 年第 4 期。

刘瑞明：《金融压抑、所有制歧视与增长拖累——国有企业效率损失再考察》,《经济学》(季刊)2011 年第 1 期。

刘伟、黄桂田:《中国银行业改革的侧重点:产权结构还是市场结构》,《经济研究》2002 年第 8 期。

刘洪铎:《金融发展、企业研发融资约束缓解与全要素生产率增长——来自中国工业企业层面的经验证据》,《南方金融》2014 年第 1 期。

卢峰、姚洋:《金融压抑下的法制、金融发展和经济增长》,《中国社会科学》2004 年第 1 期。

卢馨、郑阳飞、李建明:《融资约束对企业 R&D 投资的影响研究——来自中国高新技术上市公司的经验证据》,《会计研究》2013 年第 5 期。

鲁丹、肖华荣:《银行市场结构、信息生产和中小企业融资》,《金融研究》2008 年第 5 期。

鲁桐、党印:《公司治理与技术创新:分行业比较》,《经济研究》2014 年第 6 期。

马彦新:《金融发展对技术创新影响的实证分析——基于我国大中型工业企业省际面板数据》,硕士学位论文,西北师范大学,2012 年。

聂辉华:《契约不完全一定导致投资无效率吗?一个带有不对称信息的敲竹杠模型》,《经济研究》2008 年第 2 期。

聂辉华、杨其静:《产权理论遭遇的挑战及其演变——基于 2000 年以来的最新文献》,《南开经济评论》2007 年第 4 期。

彭欢:《中国银行业市场结构研究》,博士学位论文,西南财经大学,2010 年。

彭欢、雷震:《放松管制与我国银行业市场竞争实证研究》,《南开经济研究》2010 年第 2 期。

齐兰、王业斌:《国有银行垄断的影响效应分析——基于工业技术创新视角》,《中国工业经济》2013 年第 7 期。

邱兆祥、刘浩、安世友:《行政垄断影响我国银行业市场结构的机理分析》,《金融研究》2015 年第 2 期。

饶华春:《中国金融发展与企业融资约束的缓解——基于系统广义矩估计的动态面板数据分析》,《金融研究》2009 年第 9 期。

邵挺:《金融错配、所有制结构与资本回报率:来自 1999—2007 我国工业企业的研究》,《金融研究》2009 年第 9 期。

孙伍琴:《论不同金融结构对技术创新的影响》,《经济地理》2004 年第 2 期。

孙伍琴：《金融发展促进技术创新的效率研究——基于 Malmuquist 指数的分析》，《统计研究》2008 年第 3 期。

沈红波、寇宏、张川：《金融发展、融资约束与企业投资的实证研究》，《中国工业经济》2010 年第 6 期。

孙婷、温军：《金融中介发展、企业异质性与技术创新》，《西安交通大学学报》（社会科学版）2012 年第 1 期。

申慧慧、于鹏、吴联生：《国有股权、环境不确定性与投资效率》，《经济研究》2012 年第 7 期。

唐清泉、巫岑：《银行业结构与企业创新活动的融资约束》，《金融研究》2015 年第 7 期。

唐永华：《中国银行业市场结构、产权结构对绩效影响的研究》，硕士学位论文，暨南大学，2007 年。

王聪、邹朋飞：《中国商业银行效率结构与改革策略探讨》，《金融研究》2004 年第 3 期。

王莉：《基于技术创新的金融结构比较研究》，博士学位论文，浙江大学，2004 年。

王山慧：《中国上市公司 R&D 投资的融资约束研究》，博士学位论文，华中科技大学，2013 年。

王文娟：《我国银行业的市场结构变迁及其影响因素分析》，硕士学位论文，天津财经大学，2012 年。

汪锦、孙玉涛、刘凤朝：《中国企业技术创新的主体地位研究》，《中国软科学》2012 年第 9 期。

魏文军：《中国银行业结构与绩效研究》，博士学位论文，华中科技大学，2005 年。

吴韡：《提高商业银行竞争力：市场结构改革还是产权结构改革》，《中南财经政法大学学报》2005 年第 1 期。

吴延兵：《中国哪种所有制类型企业最优创新性?》，《世界经济》2012 年第 6 期。

肖欣荣、伍永：《美国利率市场化改革对银行业的影响》，《国际金融研究》2011 年第 1 期。

徐忠、沈艳、王小康、沈明高：《市场结构与我国银行业绩效：假说与检验》，《经济研究》2009 年第 10 期。

杨瑞龙、聂辉华：《不完全契约理论：一个综述》，《经济研究》2006 年第 2 期。

杨志群：《金融集聚、金融发展对企业技术创新的影响研究》，博士学位论文，南开大学，2013 年。

杨天宇、钟宇平：《中国银行业的集中度、竞争度与银行风险》，《金融研究》2013 年第 1 期。

姚耀军：《金融中介发展与技术进步》，《财贸经济》2010 年第 4 期。

姚耀军、董钢锋：《中小银行发展与中小企业融资约束——新结构经济学最优金融结构理论视角下的经验研究》，《财经研究》2014 年第 1 期。

叶欣、郭建伟、冯宗宪：《垄断到竞争：中国商业银行业市场结构的变迁》，《金融研究》2001 年第 11 期。

殷孟波、石琴：《金融业全面开放对我国银行业竞争度的影响——基于 Panzar-Rosse 模型的实证研究》，《财贸经济》2009 年第 11 期。

邢学艳：《产权、竞争与我国商业银行绩效研究》，博士学位论文，华东师范大学，2011 年。

于良春、鞠源：《垄断与竞争：中国银行业的改革和发展》，《经济研究》1999 年第 8 期。

虞慧晖、贾婕：《企业的不完全契约理论述评》，《浙江社会科学》2002 年第 6 期。

俞立群：《金融结构影响技术创新研究》，硕士学位论文，西南大学，2014 年。

张军、易文斐、丁丹：《中国的金融改革是否缓解了企业的融资约束？》，《中国金融评论》2008 年第 3 期。

张健华：《我国商业银行效率研究的 DEA 方法及 1997—2001 年效率的实证分析》，《金融研究》2003 年第 3 期。

张晓玫、潘玲：《我国银行业市场结构与中小企业关系型贷款》，《金融研究》2013 年第 6 期。

张元萍、刘泽东：《金融发展与技术创新的良性互动：理论与实证》，《中南财经政法大学学报》2012 年第 2 期。

张芳、李龙：《中国银行业市场结构衡量指标及分析》，《宏观经济研究》2012 年第 10 期。

张迪：《金融发展对中小企业技术创新投入的影响》，硕士学位论文，浙江理工大学，2013 年。

张栋、谢志华、王靖雯：《中国僵尸企业及其认定——基于钢铁业上市公司的探索性研究》，《中国工业经济》2016 年第 11 期。

张杰、芦哲、郑文平、陈志远：《融资约束、融资渠道与企业 R&D 投入》，《世界经济》2012 年第 10 期。

翟淑萍、顾群：《金融发展、融资约束缓解与高新技术企业研发投资效率研究》，《经济经纬》2013 年第 2 期。

赵子依、彭琦、邹康：《我国商业银行业市场竞争结构分析——基于 Panzar—Rosse 范式的考察》，《统计研究》2005 年第 6 期。

曾静：《融资约束、融资渠道与企业研发投入——基于我国上市公司的动态面板数据分析》，硕士学位论文，南京大学，2013 年。

朱红军、何贤杰、陈信元：《金融发展、预算软约束与企业投资》，《会计研究》2006 年第 10 期。

朱晶晶、张玉芹、蒋涛：《银行业市场结构影响我国企业信贷约束吗》，《财贸经济》2015 年第 10 期。

后　　记

《银行业结构与企业创新：基于不完全契约视角的研究》一文是我博士阶段研究成果的总结。博士求学多载，求学过程中曾经对多个问题感兴趣，论文选题几经修改，但是最终确定银行业结构与企业创新研究，既是有感于中国改革开放以来，在银行主导型金融体系背景下，企业创新取得长足发展的历史事实，更是考虑到，中国经济发展方式转变的关键时期，创新驱动发展已经成为经济增长核心动力的客观现实。

在研究过程中，曾经面临很多的困难和困惑，深刻领会到学术之路漫长且不易。测算地区银行业市场结构和产权结构，需要大量手工收集补充商业银行的财务数据和分支行数据，耗时三四个月的时间才完成数据收集整理工作。研究进展过程中，遇到研究方法有缺陷，需要改弦易辙的情况时有发生；发现传统理论框架无法解释中国的事实，需要冥思苦想不断探索中国事实背后逻辑的情形也屡见不鲜，然而研究取得进展时内心的满足感却也是无以言表的。正是研究带来的幸福感、成就感激发了无数人孜孜不倦开展学术研究的动力。

在书稿形成过程中，吸取各方意见，数易其稿。博士学位论文普遍具有很强的学理基础、技术标准和学术规范，但是书稿的可读性和实践指导性有所欠缺。针对这个特点，书稿增加了银行业结构与企业创新的案例分析章节。通过日本主银行制度与企业创新、韩国政府和银行的政治关联与企业创新的关系案例，进一步验证银行业市场结构和产权结构对企业创新产生影响的前提条件以及潜在的风险。期望通过实证分析和案例分析，深化问题的实质性探讨，进而总结出对中国金融发展的启示。

感谢浙江大学优良的治学传统和良好的学术氛围，使我能够静得下心来努力探索发现事物背后的内在本质，更加深刻地领会“求是创新”的校训。求学过程中，太多的老师和同学给予我指导、帮助和激励，深深铭记在心。感谢我的导师肖文教授。肖老师悉心传授研究治学的宝贵经验，老师的言传身教促进我不断改进不足之处。肖文老师严谨的治学态度、努力拼搏的工作干劲、力争完美的工作态度，永远都是我学习的榜样。感谢在博士求学中为我“传道、授业、解惑”的老师们。特别要感谢浙江大学黄先海教授、顾国达教授、杨柳勇教授、潘士远教授和张旭昆教授，五位老师所提的宝贵意见使文章更加成熟、更加完善。感谢单位的领导和同事，在我读博期间提供了诸多便利和帮助。

感谢师门的兄弟姐妹，每一次师门内部讨论都使我受益匪浅。感谢唐兆希博士、周明海博士提出的宝贵修改意见；感谢姜建刚博士、潘家栋博士和韩沈超博士提供的大量技术支持；感谢周君芝博士陪伴我开启学术之路的起点；感谢师门所有的兄弟姐妹：谢文武、林高榜、王平、殷宝庆、孙艳香、樊文静、薛天航、陈昊、李兰，与你们成为同门是我的荣幸。感谢应娉婷同学细致严谨的校稿工作。感谢我的父母，一直支持我所有的重大决定，包容我的任性，鼓励我向上向美；感谢哥哥和姐姐，你们的支持和爱护是我内心安定的根源，是我坚实的大后方，是我不断前进的动力。

感谢浙江省哲学社会科学规划项目后期资助课题的资助。